子どもを
深く生かし
尊く発見する
算数の授業

教えるということ 学ぶということ

現在《いま》・未来《みらい》を生きる先生たちに伝える
算数教育と教師教育の講義録

2020-2023▶11 Lecture Records

柳瀬《やなせ》 泰《やすし》

学校図書

まえがき

教師を志す学生を目の前にして行う大学での講義は、内容の質はもとより、伝え方、受け止め方、立ち姿、等々の所作それ自体が、良くも悪くも学生の師表、授業の手本となることから身が引き締まる思いです。

本書は、２０２０年から２０２２年の間に行った算数及び算数科指導法の講義記録からの抜粋が主な内容となります。パンデミックのこの間、緊急事態措置が繰り返し発令され、対面授業が急遽オンライン授業に変更となることも度々ありました。

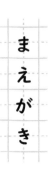

奥行きのない二次元のモニターに、トランプの絵札のように並んだ学生と向き合い、語り合い、励まし合いながら授業を進める中で次第に活気も生まれ、彼らは期待を上回る集中力を発揮し学び続けました。実にみごとだったと思います。こうした記憶も残しておきたいという思いもあり、拙い授業を11編に整理してみました。

２０２１年は玉川学園の創立者、小原國芳が全人教育を提唱して１００年を迎えた年でした。八大教育主張講演会（１９２１年８月８日）で、「算数」の授業風景を取り上げ、教師の資質・能力について語っている記録（「全人教育論」１９９６改版玉川大学出版）があります。

過日、山下君の算術授業を見ました。分数を教えておりました。フトある一生徒が「先生、1と2の間には、数が沢山あるんですね」という。山下君は教壇から飛んで行って、その一児を抱きしめて、「お前にはどうして、そんなことが分かったんだ!!」と感謝しておられました。神の前に敬虔で、真理に忠実な君にしてはじめて可能であって、この一児の幸福と同時に君の心の喜びを私も心から喜びました。

教師に抱きしめられた子どもの自己肯定感。子どもの気付きを大発明の瞬間に出会ったかのように感動する教師。その二人の姿をしみじみと心から喜ぶ校長。この幸福感にあふれた授業の描写には教育の本質、教師の在り方がにじみ出ています。ソーシャルディスタンスがニュー・ノーマルと言われたこの3年間はとりわけ胸に響く光景でした。

小原國芳はこの一場面をとり上げて「子どもを深く生かし、尊く発見できるよう、深い知識と敏感なる児童観を有してほしい」と全国の教師に向けての最低限の要求と、最高の課題を教え示しています。１００年前に説いた教師像は、１００年を超えた今もなお、普遍的で理想的な教師像です。今次の学習指導要領（２０１７年度告示）が掲げる深い学びの実現も、中央教育審議会答申（２０２１年）が唱える個別最適な学びの充実も、子どもと教師が「学びの幸福感」を共有してこそ真に成立していくものです。

算数教育を通して教師教育ができれば最善。そのどちらかでも伝われば次善。そのような思いで学生に向き合い、今日もまた授業づくりに苦心惨憺しています。

２０２３年5月　柳瀬　泰

2020 年 9 月 18 日　オンライン授業での集合写真

目次

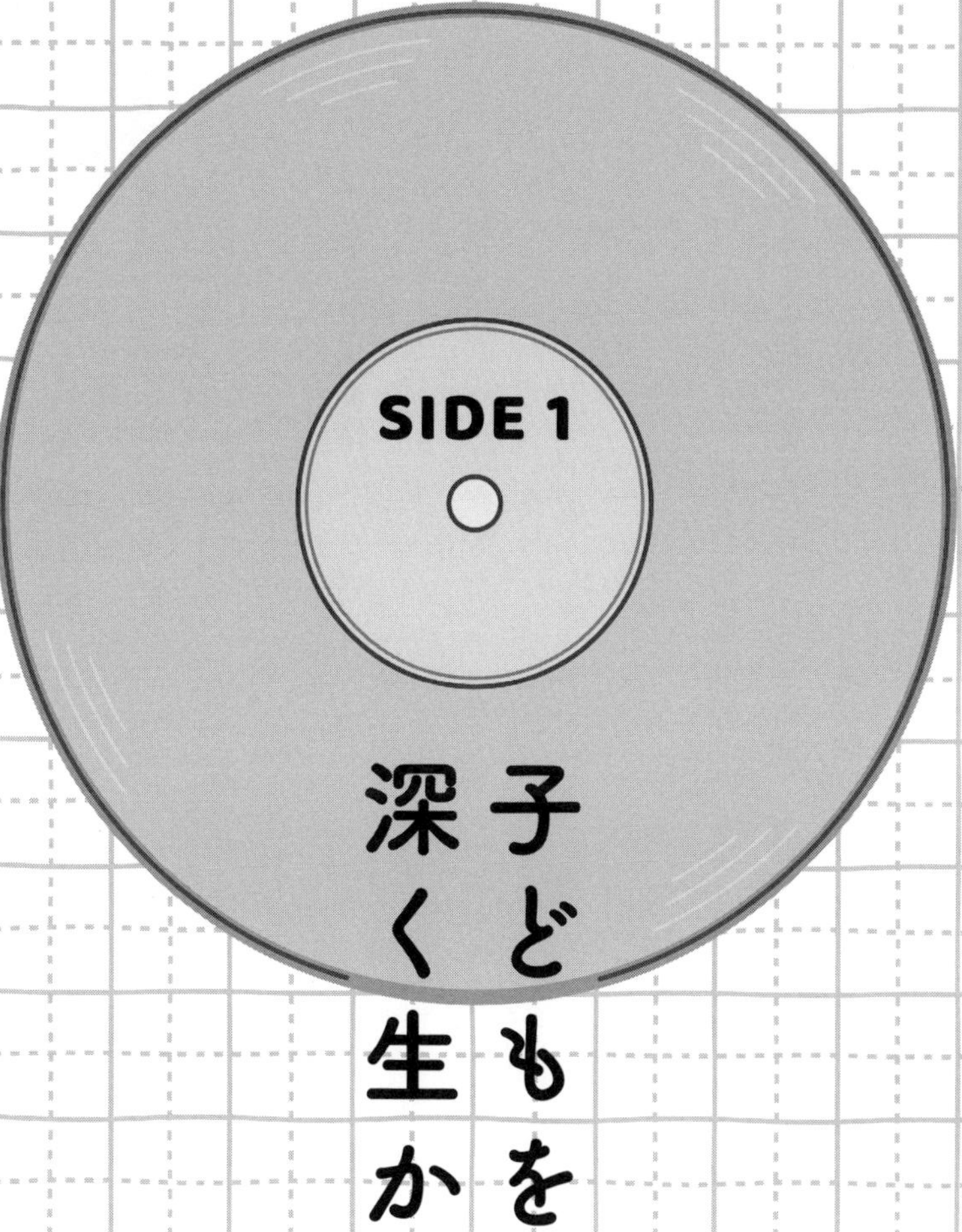

子どもを深く生かす

「ガイダンス」の授業記録より

1 子どもの期待を裏切らない授業

1. 子どもたちの期待

この式は何を表している式でしょう。少し考えてみて下さい。

175÷35＝5

175は、現在の小学校算数科の年間授業時数です。学校教育法施行規則に定められていて年間175時間（第1学年は136時間）を標準としています。この175時間を学習指導要領（平成29年告示）に示される年間35週以上にわたって計画すると「週当たり5時間」の授業時数となります。これを週ごとの時間割に均して配置すると小学生にとって算数は「毎日1時間」の必修教科となるわけです。

みなさんは子どもの頃、算数は好きでしたか。首を振ったり苦笑いをしたりしていますね（笑）。そういう子どもたちにとっては、「算数の時間が毎日ある」ということはそれだけでちょっと憂鬱な気分になるでしょう。その気分は下手をすると算数だけでなくその他の学習観に影響を及ぼすかもしれません。

実は多くの子どもたちがはじめは算数の学習に期待を寄せています。毎年、4月になると入学式の様子がニュースで流れます。記者が新1年生に「どんなことをがんばりたいですか？」と聞くと「さんすうをがんばりたいです！」と笑顔で答えている子どもが必ずいます。子どもたちにとって学校で「算数を学ぶ」ということは、「小学生になること」の1つの象徴なのでしょう。

そう考えると、小学校の先生になろうとする人は、学びに向かう子どもの期待を裏切らない真っ当な算数の授業ができる先生であってほしいわけです。

この授業は科目名から、算数の「指導の仕方」について教えてもらえることを期待していると思います。例えば、「分数のわり算をどう教えたらよいか」とか「平行四辺形や台形の面積の公式の導き方はどうするのか」とか、あるいは「計算を早く正確にできるようにするにはどうしたらよいか」というようなことです。もちろん、そういった方法に触れないわけではありませんが、ここでは指導の対象となる「子どもの考え方」に向き合い、そこから「指導の技術」や、その時に不可欠となる「教材の解釈」に関する知識を身に付け、結果、皆さん一人一人によりよい算数の授業を追究する態度が育ってくれれば、と考えています。

2. 日常の事象を数理的に捉える

「小学校学習指導要領算数科（平成29年告示）」の目標には、柱書に続いて3つの目標が示されています。その2つ目の目標には、「日常の事象を数理的に捉え見通しをもち筋道を立てて考察する力を養う」とあります。「日常の事象を数理的に捉える」とは、どういうことなのか、小学校学習指導要領解説算数編（以下、解説書）25頁に、このような一文があります。（スライド提示）

『数理的に捉える』とは、事象を算数の舞台にのせ数理的に処理できるようにすることである。」

全く同じ解説が、昭和53年「小学校指導書算数編」（文部省）にもあるので、普遍的な解釈と言えます。

事象を算数の舞台にのせる主体は子ども自身です。しかし、最初からその全てを期待するのは難しいことです。そこで、子どもが日常の事象を数理的に捉える、すなわち算数の舞台にのせる経験を手助けすることが教師の役割となります。子どもにとって興味・関心のもてる数学的な事象を教室に持ち込んで、その出会いを演出したり、算数とは一見、遠い距離にある事象を少しずつ算数の舞台に呼び込んだりする過程を工夫するということです。

詩人、まどみちおさんの詩です。（スライド提示）

かもつれっしゃが
ごっとん　とんとん

ごっとん　とんとん
おんなじものが
つづいていくと
なぜだか　なぜだか
かぞえたくなる
かぞえて　こころに
しらせたくなる

えだですずめが
ちゅんちゅん　ちゅんちゅん
ちゅんちゅん　ちゅんちゅん
おんなじものが
ならんでいると
なぜだか　なぜだか
かぞえたくなる

かぞえて　みんなに
おしえたくなる

まど・みちお全詩集（理論社）

この詩にタイトルをつけて下さい。Aさん、どうですか？

学生A「しらせたくなる……？　あ、おしえたくなる……ですか？」

どちらもいい感じですが、この詩のタイトルは「かぞえたくなる」です。私が校長だった頃、10月の全校朝会で900人の子どもたちにこの詩を紹介しました。子どもたちに「まどみちおさんの『かぞえたくなる』という気持ちがわかりますか？」と聞くと大きくうなずきます。「それは、どんなときですか？」と聞くと、口々に左右前後の友達と感想を言い合います。

その様子を眺めながら続けます。「昨日、私は町を歩いていて『かぞえたくなる』ものを見つけました」と言ってスライド（図1）を映します。子どもたちは興味の目

（図1）

でスライドに注目します。

Bさん、私がかぞえたくなったものは何だか分かりますか？

学生B 「横断歩道の白い部分ですか？」

なるほど。あなたも横断歩道を渡るときに、白線を踏み越えたり、数えたりした経験がある人ですね（笑）。でも、私が目を付けたのは横断歩道の手前のものです。

学生B 「あー、点状ブロックですね！」

そうです。視覚障碍者誘導用ブロックです。誘導ブロックと警告ブロックの2種類がありますが、道路の直前にある点状の警告ブロックの方です。

このスライド（図2）を子どもたちに見せると、瞬時に点の数を数え始めます。その数え方には、1年生と2年生以上には大きな違いがあります。1年生は「1、2、3、4、5…」と1つずつ数えていますが、2年生以上は、「5のかたまりが5つ」と捉え、5×5とかけ算を使って処理します。

私が「さて、どのように数えようかな？」と独り言を言い、「1、2、3、4、5、6、…」と唱え始めると、かけ算を学んだばかり

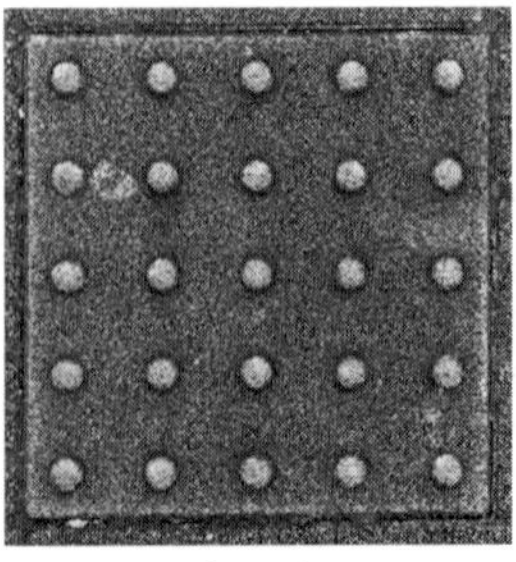

（図2）

の2年生は、「ちがう！　ちがう！」と大騒ぎになります。

続けて「こんなブロックも見つけました」といって次のスライド（図3）を見せます。さっきまで意気揚々としていた2年生がちょっと困っています。それはまだ6の段の学習をしていないからです。それでもかけ算の式に表現することはできるので、2年生に式だけ聞きます。

「2年生全員に聞きます。○の数を求める式を言ってください」と言うと「6×6です！」と返ってきます。続けて「3年生全員に聞きます。答えはいくつですか？」と聞くと「36です！」と返ってきます。さらに「4年生全員に聞きます。式と答えに間違いはありませんか？」「はい！」という具合です。学年ごとに声をかけながら全員参加のムードを高めていきます。

さらに、「こんなブロックも見つけました」と言って3枚目のスライド（図4）を見せます。「えー！」と大勢の子どもの声が上がりますが、5秒も経つと、黙って目の前の点状ブロッ

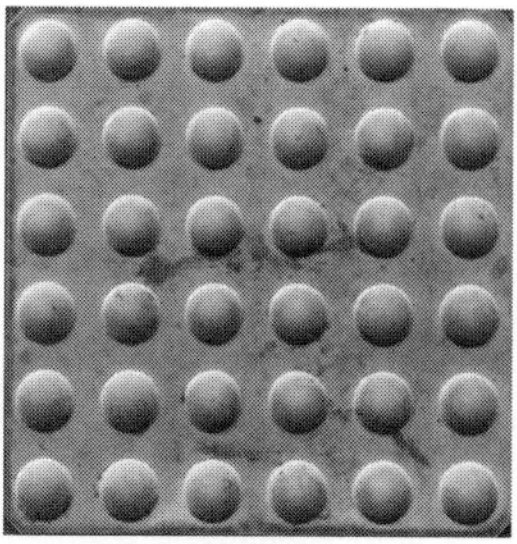

（図3）

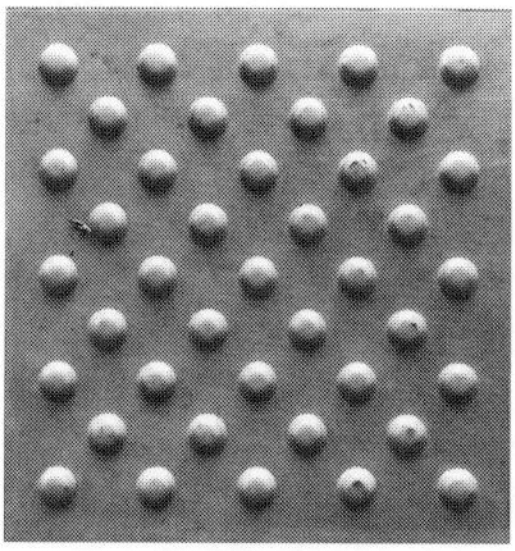

（図4）

クの画像を見つめています。「これまでのようにかけ算が使えない」「どうやって見たら数えやすいだろう」「知っているかけ算は使えないのだろうか」等々、様々な考えを巡らせていることが分かります。

3．子どもの説明の仕方に学ぶ

では、ここまでの様子を実際の動画で見てみましょう。（動画視聴）

Cさん、子どもたちの実際の様子を見て、どうですか？

学生C 「一度も『数えましょう』という指示がないのに、子どもたちが楽しそうに数えていました。私もおもわず数えていました」（笑）

そうですね、９００人の子どもたちが一斉に数えはじめています。「少人数指導」という授業形態がありますが、体育館での全校朝会は毎回、「多人数指導」です。「一斉指導」を発明し

たコメニウスの時代もこのような風景だったのでしょうか（笑）。

動画の後半では、6年生が壇上にあがり、このブロックの点の数を説明しました。6年生は、はじめにこう言いました。

「まず、このブロックの点は、横に見ると5、4、5、4と交互に並んでいます。いいですか？」

ブロック全体の構造を確認しています。そして、一度、「いいですか」と会場全体に向かって確認しています。次に、

「5が5つ、4が4つ、あります。いいですか？」

と言い、計算の処理に必要な情報を整理しました。そして、

「5が5つで25個。4が4つで16個。25＋16で41個になります」

と結論を導きました。

小刻みに、確認を入れながら、相手の納得の程度を見取りながらの説明です。低学年の子どもたちへの配慮が感じられる高学年らしい姿です。

この説明の仕方にはみなさんも学ぶところがあると思います。説明は、自分が話していることが相手に伝わっているかを確認しながら内容を共有していくこと。動画にあったように会場からは自然に拍手が起こり全校朝会は終了しました。

4. 異なるものの中に同じものを発見する

この話にはサブ・ストーリーがあります。交互に並んだ点状ブロックの数え方を考えていた時に、ステージ近くの2年生がつぶやいた言葉がありました。それは、

「あ、おなじだ」

という言葉です。気になりましたが全校朝会の途中、舞台から降りて「どういうこと?」と問い返す時間はありません。そこで、教室に戻る際に声をかけ、休み時間に校長室に来てもらいました。

休み時間、その子が校長室にやってきました。ドアをノックし、「失礼します」とニコニコ顔です。私も「よく来たね!」と笑顔で迎え、事前に印刷しておいた図(図5)を差し出して、早速、尋ねました。

「ねぇ、いったい何が『同じ』に見えたの?」と。すると、その子は筆箱から鉛筆を取り出して、4つの点が並んだ4つの

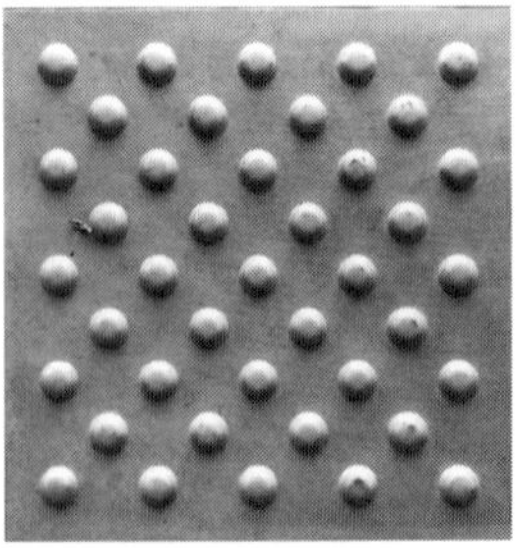

(図5)

列を鉛筆で順番に隠していきました。

「こうやって4をぜんぶ隠すと、最初に数えた5×5のブロックと同じに見えるでしょ」と説明しました（図6）。

なるほど、最初に見たブロック（図2）と同じに見えます。この子どもは、異なるものの中に、同じものを発見したわけです。

続けて、「5×5＝25はもうわかっているから、今度は4だけの方を見るの」と言い、5の列を鉛筆で隠しました（図7）。そして、「こうすると、4×4＝16だけ。だから、25＋16＝41になります」と結論付けました。

「同じに見える」や「25はわかっているから」という言葉には、この子どもが既習の知識を使いながら、一見複雑な問題をすっきりと捉えて処理しようとした見方・考え方が現れています。これが数理的に捉え処理するということの具体です。

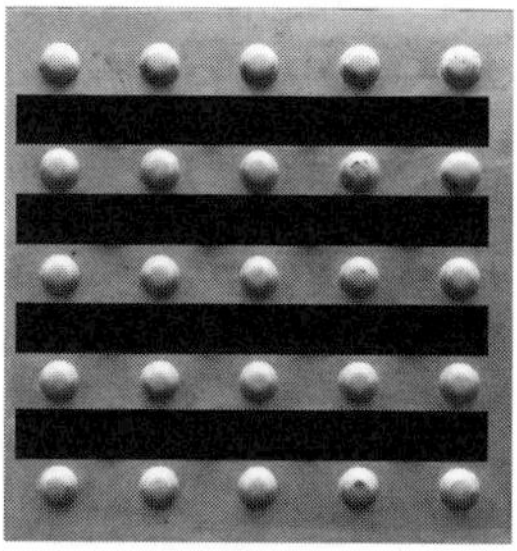
（図6）

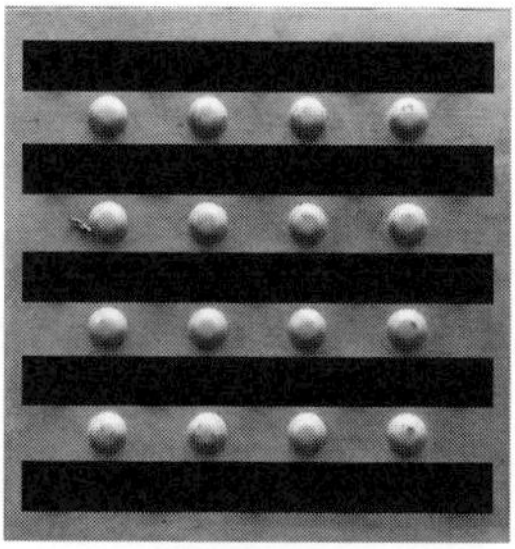
（図7）

5. 構造を把握する直観力

このように優れた見方ができる2年生の子どもをこのまま教室に返すのはもったいないので、全校朝会で見せた2つ目の図、「未習の6の段」を差し出して「これも同じように考えられないかな？」と尋ねてみました。すると、「あ〜、そうか」といって鉛筆で一番下の1列を隠して（図8）、「見えるところが5×6で、かくしたところが1×6。だから、30＋6＝36です」と明解に答えてくれました。この見方・考え方は、6の段以上のかけ算を構成していくとき使う考え方そのものです。

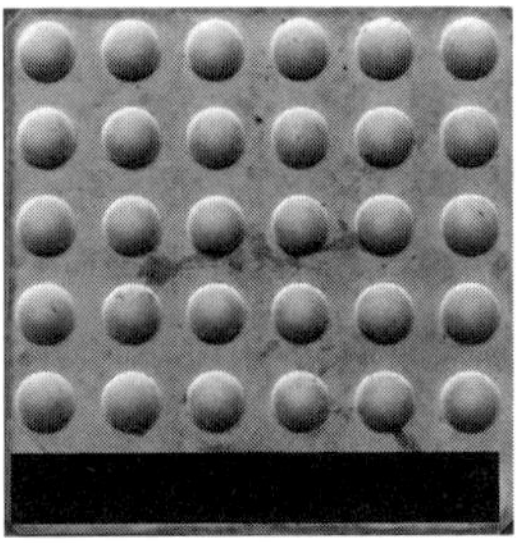
（図8）

点状ブロックは、駅構内などでよく見かけます（図9）。5の段までしか学習していない子どもたちでも、7×7や8×8などのブロックを「同じようなブロックがありました」と報告してくれます。「どんなブロック？」と聞くと、「7×7のブロック」「8×8のブロック」と当たり前のように名前を付けて教えてくれます。構造を把握する優れた直観力を子どもはもっています。

「探す」、「見つける」といった興味・関心を基盤とした活動は、日常の事象を数理的に捉える力を耕す上で実に有効な活動だと思います。

6．次世代の教師を育てる子どもの尊い声

学生E「算数とは関係ないのですが質問です。どうして、９００人もの子どもたちがいる会場で、一人の声が聞こえたのですか？」

なぜでしょうか。確かに９００人近くの子どもたちが話し合っている会場で、一人の小さな声が私の耳に届いたことは不思議なことです。でも、これは偶然ではないと思っています。私は若いころから、自分が発した質問の直後に意識を集中し、子どもの表情をよんだり、つぶやきを聞き取ったりすることを習慣としてきました。子どもの声の背景には、子ども固有の論

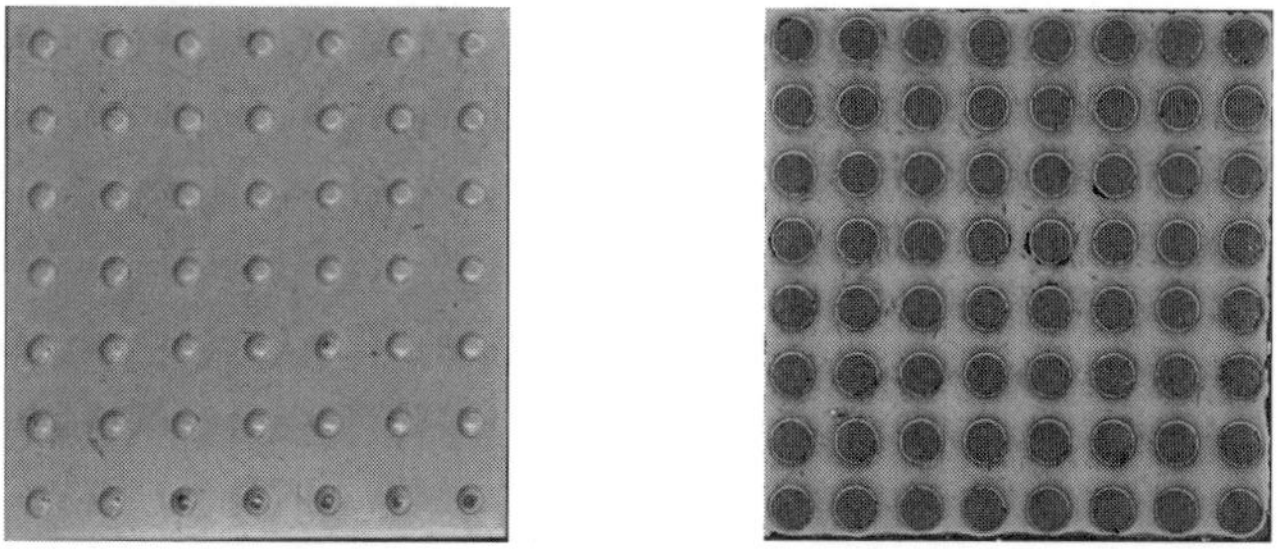

（図９）

理が多くあります。それに出会えたときは本当にうれしいものです。そうした習慣があったから、この声を聞けたのだと思います。

その結果として、この時の子どもの小さな声は、こうして次世代の教師を育てる尊い一声として役立っています。

泰安洋講《たいあんようこう》①

教材を探す好奇心をもつ

日本視覚障碍者団体連合の HP には、「点状突起を配列するブロック等の大きさは 30cm 四方以上で、点状突起の数は 25 点、5×5 を下限として、ブロックの大きさに応じて増やす」と記されています。様々なブロックが製造され普及し、視覚障碍者から統一してほしいと要望が出され日本工業規格により 2001 年 9 月に規定されたそうです。4×4 以下の点状ブロックが見つからない理由が分かりました。

「かけ算の学習には、4×4 とか 3×3 があるといいんだけどね」と軽い気持ちで話したところ、後日、学生から「4×4 以下の点状ブロックを見つけました」とメールが入りました。

2×2 は、神奈川県横須賀市若松町 1 丁目横断歩道、3×3 は静岡県三島市東本町 1 丁目横断歩道、4×4 は東京都町田市玉川学園 2 丁目横断歩道に設置されています。規格が規定される以前に設置されたものかもしれません。

教材を探す好奇心をもつことは、授業づくりを楽しむ心を育てます。

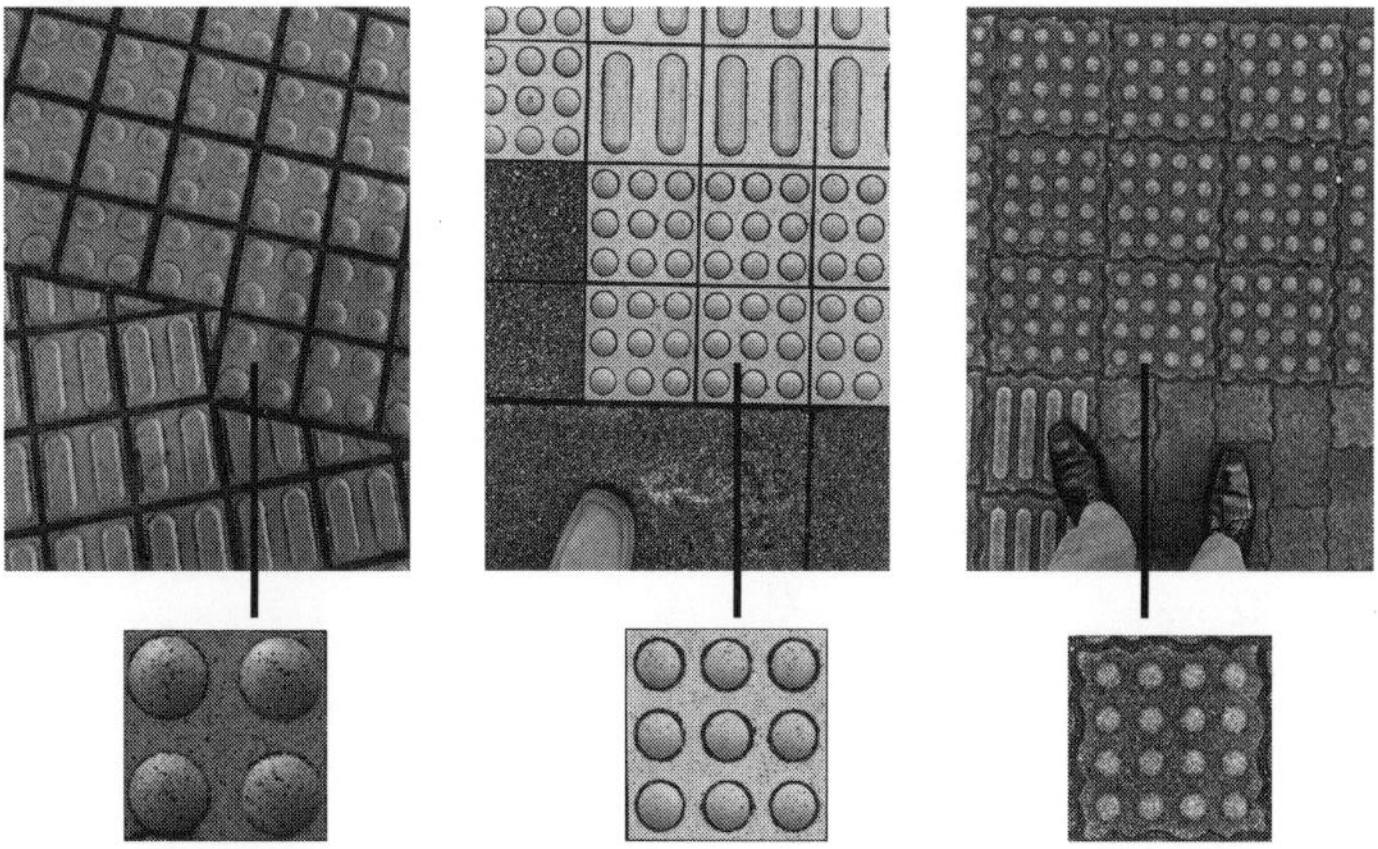

「加法・減法」の授業記録より

2 やさしく、深く、楽しい学びの土台

1. 算数科の領域と内容

算数の内容は下学年、上学年それぞれ4つの「領域」に分けられ構成・配列されています。「内容」は、同じ領域内でのつながりだけでなく、異なる領域間での関連があるなど重層的なので、指導に当たってはねらいを踏まえた交通整理が必要です。

今日は算数の学習の基礎となる「たし算」「ひき算」の指導について話をします。内容の関係性を意識して学んでいきましょう。

たし算とひき算は、「A数と計算」の領域に配列された内容です。1年生の教科書を見るとその内容の8割程が「数と計算」の領域となります。「さんすうは、けいさんのおべんきょうです」という印象を1年生が強く持つのも仕方がないことです。ちなみに6年

生になると「数と計算」は3割程となり、他の領域が増えます。

2．たし算の場面

では、「5＋3」という式をつかって小学校1年生程度が解くようなたし算の問題をつくって下さい。

Aさん、Bさん、C君に聞いてみます。

学生A 「子どもが5人遊んでいます。そこに3人来ました。あわせて何人ですか。」

学生B 「Aさんと似ているのですが、公園に男の子が5人、女の子が3人います。全部で何人ですか。」

学生C 「カブトムシを5匹、クワガタを3匹、つかまえました。あわせて何匹でしょう。」

今、Bさんは、「Aさんと似ているけど」と言いましたが、この2つの問題はたし算の意味から捉えると、Aさんの問題

算数科内容の領域

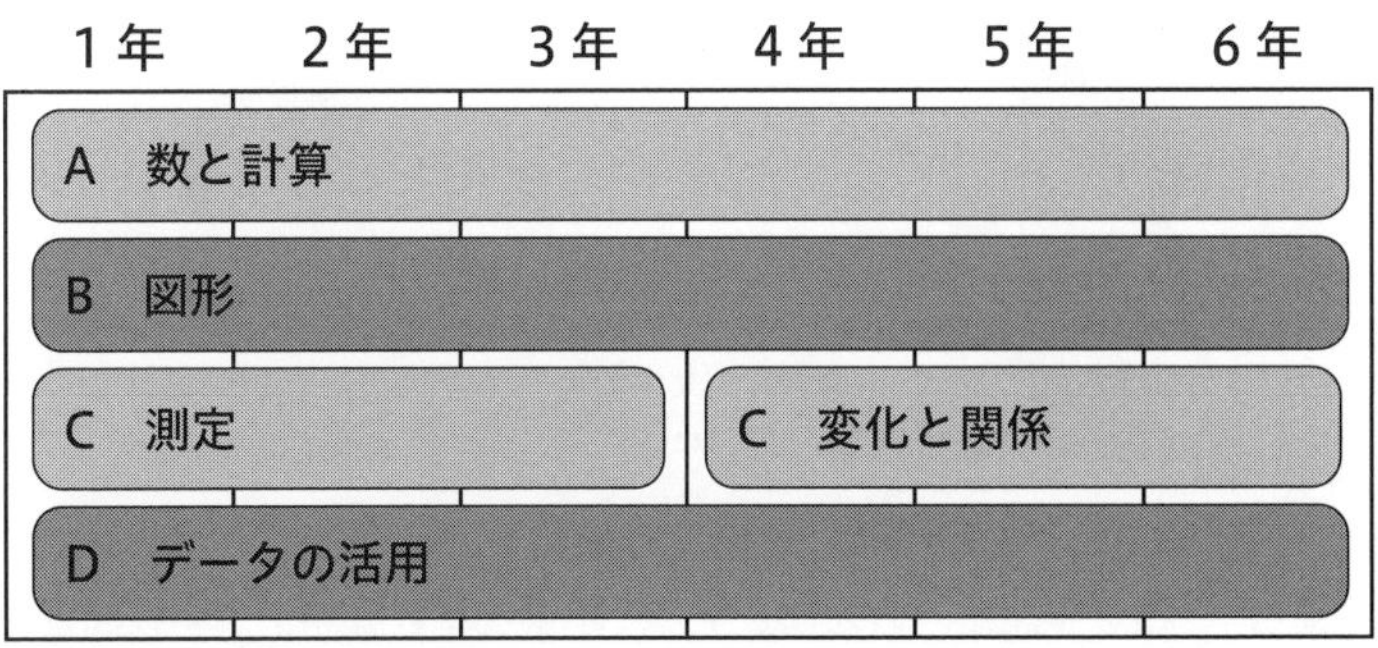

を「増加」、Bさんの問題を「合併」と言います。2つのたし算の意味を確認してみましょう。

増加の問題は、「ふえるといくつ」と問う問題です。この問題には時間の経過があります。一方、合併の問題は2つの数が同時に存在しています。「あわせていくつ」と問う問題です。

この絵（図1）はたし算の指導の導入場面の絵です。Aさん、この場面は増加ですか？　合併ですか？

学生A「金魚を同時に水槽に入れているから合併です」

そうですね。そして、この場面を「記号」で表したものが「式」です。金魚という対象を「3」と「2」という「数」に置き換えて、水槽に入れる操作を「＋」という記号で表すことを約束すれば、子どもたちは、この場面を「3＋2」という式に置き換えることができます。子どもたちにとっては初めて学ぶ「式表現」なので、「絵」に描かれた場面を「言葉」で表しながら、「記号」に置き換えていく過程を大切にします。

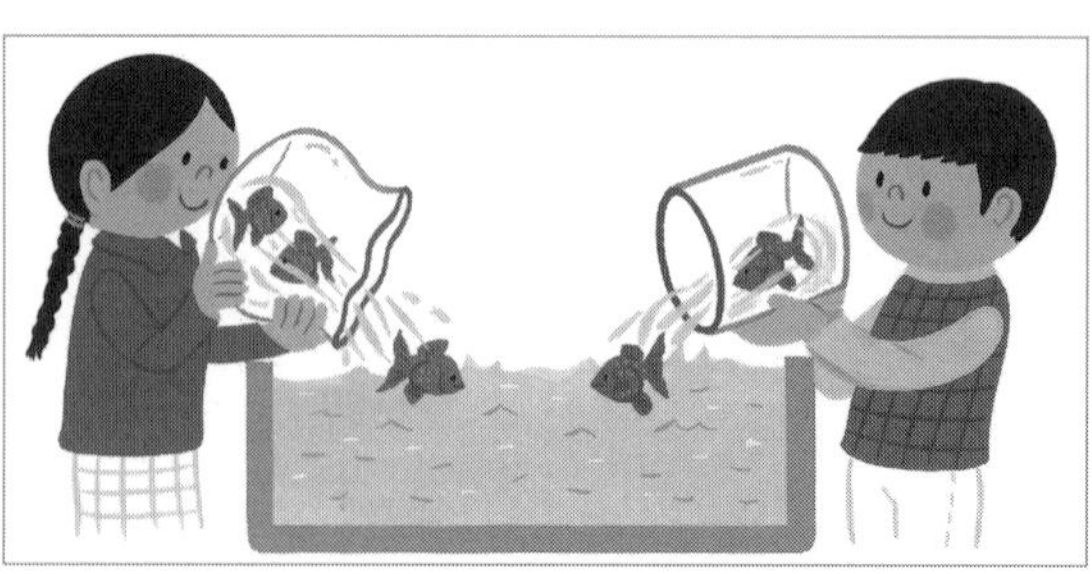

（図1）令和2年度版　みんなと学ぶ　小学校算数2年下（学校図書）

3．式に表すこと

教科書ではこの絵に、「3びきと2ひきのきんぎょをすいそうにいれました。」という関係を問う文に加えて、「あわせてなんびきになりますか。」という結果を問う質問文が付きます。

この時、「なんびきになりますか」という質問文に答えることだけが授業の目的にならないように、2段階に分けて指導することを提案します。

第1段階は、3と2を合わせるという「操作」を式に置き換えることに慣れる段階です。ここでは「＋」という記号を学び、合併や増加の場面を「3＋2」のように記号化することを学びます。

第2段階は、3と2を合わせた「結果」を考える段階です。これを表現するには「＝」という記号も必要となります。さらに、その答えは「操作」によって求め、その結果を「3＋2＝5」と表すことを学びます。

教科書を見ると、「＋」「＝」を同時に教えているようにも見えますが、実際の指導では、2つの段階を踏んで展開することが子どもにとって親切です。

初めて学ぶ式が、「3＋2＝5」という形だと、後々、「3＋2」を式と認められない子どもも出てきます。そういった意味でも、第1段階の指導は大切だと思います。ちなみに3＋2のような式をフレーズ型の式、3＋2＝5のような式をセンテンス型の式と呼ぶ人もいます。

4. 集合に着眼する

話を進めます。C君のつくった問題ですが、子どもたちが困惑することはありませんか。

学生D「カブトムシとクワガタは、たせないと思います」

学生C「そうか。たせないか……。だったら、男の子と女の子も微妙です」

学生D「いや、この場合は同じ人間の子どもだからいいと思います」

実に大事なところですね。二人の話をもとに考えてみましょう。まず、どちらも合併の問題です。今、二人は、合併する2つのものが同種の集合と認められるかどうかを論じています。クジラ5頭と人間3人を合併することはさすがにその意味が認められません。たそうとする2つのものの性質が同種と認められるような場合にたし算は成立します。D君が「子どもと見ればいい」と言いました。このようにたし算をしたい2つの対象の性質が異なっているような場合は、2つの対象が同じ集合として見えるように問う問題にする必要があります。「増加」の場面を問題にする際にはこうしたことはあまり起こりませんが、「合併」の場面を問題にしようとするときには意識して下さい。

たし算には、このほかに「順序数を含む加法」の場面があります。このような問題は誰もつくりませんでしたね。「やすしくんの前には5人います。やすしくんのうしろには3人います。ぜんぶで何人並んでいますか。」といった問題です。

合併や増加の初期の問題は問題文に出ている数字をたせば式になりましたが、この場合は「5＋3」ではありません。問題文を注意深く読み、それを図に表すなどして、問題の構造をより正確に捉えなくては解決できません。

5．ひき算の場面

次は、ひき算について考えましょう。「8－3」で問題をつくって、K君、Lさん、M君の順番に発表して下さい。

学生K「子どもが8人遊んでいます。3人、帰りました。のこりは何人ですか。」

学生L「あめが8こあります。3こ、たべました。のこりはなんこでしょう。」

学生M「ふうせんが8つあります。3つわれました。のこりはいくつ。」

この3つの問題は、先ほどのたし算の場面の増加と合併のどちらに似ていますか。

学生K「時間の経過があるので増加に似ています。その逆みたいなイメージです」

「増加」の逆なら、「減少」とか「削減」という言葉が対応しそうですが、算数指導では

このようなひき算を「求残」と言っています。

続いて、Nさん、お願いします。

学生N「子どもが8人います。女の子が3人います。男の子は何人でしょう。」

これは、全体とその一部が分かっていて、他方の数を求めています。

こういう問題を「求補」とか「部分求」と呼んでいます。

では、O君、お願いします。

学生O「男の子が8人、女の子が3人います。男の子は何人多いですか。」

これは、比較した差を求めています。こういう問題を「求差」と呼ん

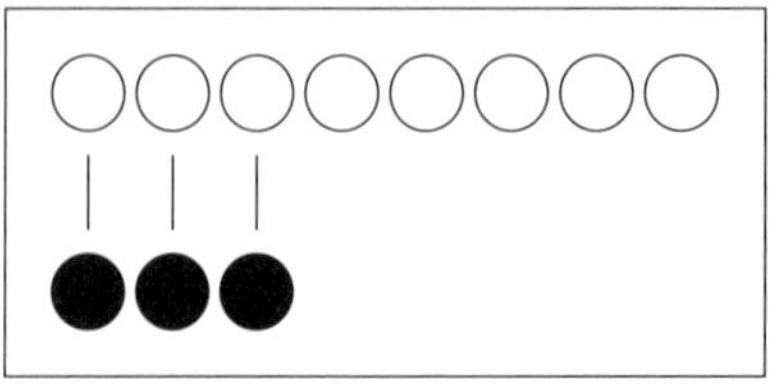

（図2）

でいます。図に書くと（図2）、○と●を一対一対応させて、対応した部分を取り去った残りの差を求めます。求残や求補とは図の表現が異なりますが、「ひき算」の概念で統合していきます。

ちなみに、運動会の玉入れは、白玉と赤玉を同時に投げて数を数えています。あれも一対一対応という方法で数の大小を判断しています。しかし、「差はどれだけか」ではなく、「1個多ければ勝ち」というルールなので、白玉が24個、赤玉が19個であっても24－19＝5という計算は用いません。ですから、紅白玉入れの場面をひき算の問題にすると不自然な問題となりますね（笑）。

6．たし算とひき算の関係

本日の授業のはじめに、「5＋3」の式から増加の問題をつくってもらいましたが、この場面を図に表すとこのようなイメージ（図3）になります。

算数ではテープ図と呼んでいる図の一種です。増加の動的な操作をイメー

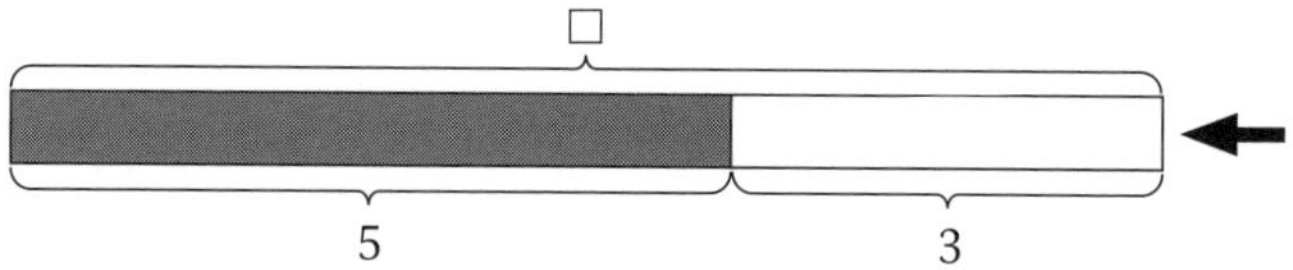

（図3）

ジしやすくするために矢印を付けてみました。
この時、求める数を変えてみます（図4）。
□を求める問題をつくって、式と答えを書いてみて下さい。

学生E「子どもが5人遊んでいます。何人か来たので8人になりました。何人、来たでしょう。式は5＋□＝8です。答えは、8－5で求めます」

いいですね。この図の問題場面は「たし算」のイメージを表しているので、問題文も「何人か来たので」となります。ところが、答えを求めるときには「ひき算」を使います。こういう問題を逆思考の問題とも言っています。子どもたちにとってはなかなか手強い問題です。

7．過去の記憶で教えてはいないか

算数の問題文の多くは3文に分けることができます。はじめの文を状況文、次の文を関係文、最後の文を質問文と呼ぶことにします。（スライド提示）

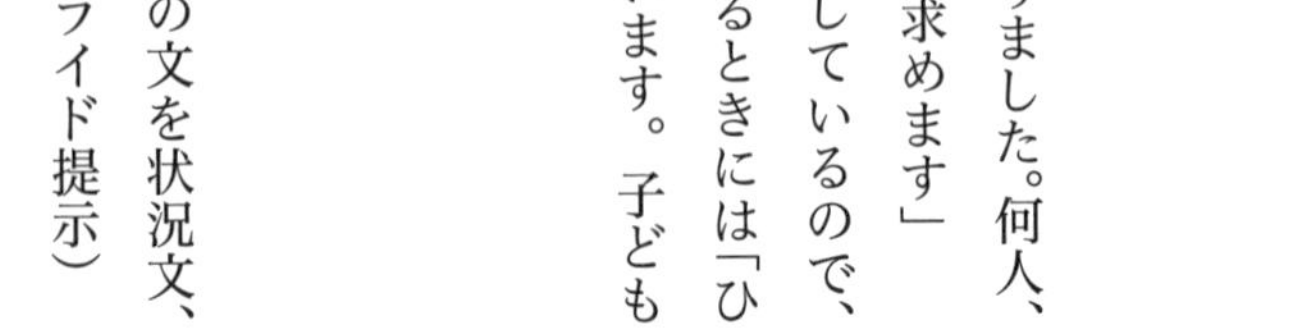

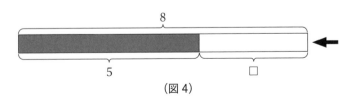

（図4）

子どもが5人、遊んでいます。（状況文）
何人か来たので、みんなで8人になりました。（関係文）
何人、来たでしょう。（質問文）

この指導でよく見かける教室の様子ですが、まず、先生の指示で子どもたちが声を出して問題文を読みます。続いて、次のようなやり取りが行われます。（スライド提示）

①先生「わかっている数はなんですか」
児童A「はい。5です！」
②先生「どうですか？」
全員「いいです！」
③先生「ほかにはありますか」
児童B「はい、8です！」
④先生「どうですか？」
全員「いいです！」

⑤先生「では、聞かれていることはなんですか」
児童C「はい。なん人きたか、です」
⑥先生「いいですか？」
全員「いいです！」
⑦先生「問題はわかりましたか？」
全員「はい！」
先生「では、ノートを開いてやってみましょう」

といった具合です。
皆さんはこういうやり取りをどう思いますか。
学生J「記憶にあるのはこんな感じです」（多くの学生が頷く）
先生の発問が7回、行われていますが、その距離は極めて短く、幅も狭い発問です。文中に出てくる数字は5と8だけなのでまちがいようがありません。それでも、「いいですか？」「いいです！」とやりとりが続いています。このように習った過去の記憶は、若い先生にも無意識に伝承されているようです。

実はこのやり方は、問題の理解にはほとんど役に立ちません。

試しに、図に描かせると、「何人か来たので8人になりました」の文をこのように（図5）描く子どもが多くいます。何がいけないのか、問題文に戻って考えてみましょう。

まず、「状況」を表す文は、「子どもが5人、あそんでいます」ですから、最初の図は①のように描くことができます。

次に「何人か来たので8人になりました」を図に書き加えます。このとき、「来たので」という言葉から、②のように「8人増える」とイメージしてしまいます。

「問題場面を図に表しましょう」と助言されても、子どもにとっては助言にはなっていない場合があります。大人は「わからなければ、図に描かせるといい」と考えますが、実は子どもにとっては描きにくい図を描かされているのです。では、どう助言すればいいのでしょうか。

この場合だったら、「式に置き換えてみましょう」という助言が子どもを助けます。問題文を素直に式に表現すれば、「5＋□＝8」と書けます。こ

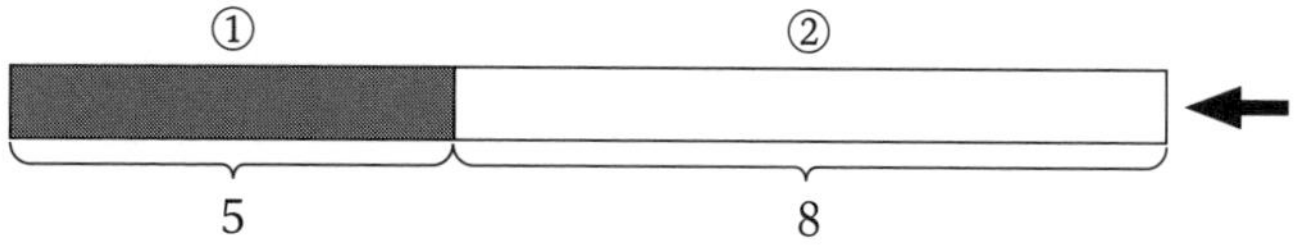

（図5）

の式の「＋□」を「図」に置き換えるのであればイメージしやすくなるはずです。「式のよさ」を子どもたちに感じさせる良い機会となります。

問題文を読んだらまず「図」、その次は「式」と形式（1）をくり返すだけではなく、問題によっては形式（2）も選択できる力を育てたいものです。

（1）言葉↓図↓式　　（2）言葉↓式↓図

今日は100分間の授業を「3」と「5」と「8」の3つの数だけで進めましたが、なかなかどうして奥深いものです。皆さんの工夫で、小さな子どもたちの算数が、やさしく、深く、楽しく学べる指導に改善されることを期待しています。

泰安洋講《たいあんようこう》②

子どもの算数観

「鉄一貫と綿一貫、どっちが重い？」

　小学校の頃に友人から出されたなぞなぞクイズです。「一貫」という単位を使っているあたりが「昭和」を感じます。この時、私はすかさず「鉄一貫」と答えました。友人は、(ひっかかった)と言わんばかりの笑みを浮かべ、「ブー！　答は『同じ』です」と言いましたが、私は即座には理解できず、「どうして鉄と綿が同じなのだろう？」と悩みました。分かったときは、なかなかいい問題だと思いました。

　もう１つのなぞなぞクイズです。

　「藁２束と藁３束。合わせて、何束？」という問題です。答えは「1束」です。こちらは理解するのに１日、かかりました。分かってもなんだか納得のいかない問題でした。

　算数の教科書にも、非日常的な問題がありました。例えば次のような問題です。

「つつじ公園にはさくら公園より３人多くの子どもが遊んでいます。つつじ公園に子どもが８人遊んでいます。さくら公園には子どもはなん人いますか」

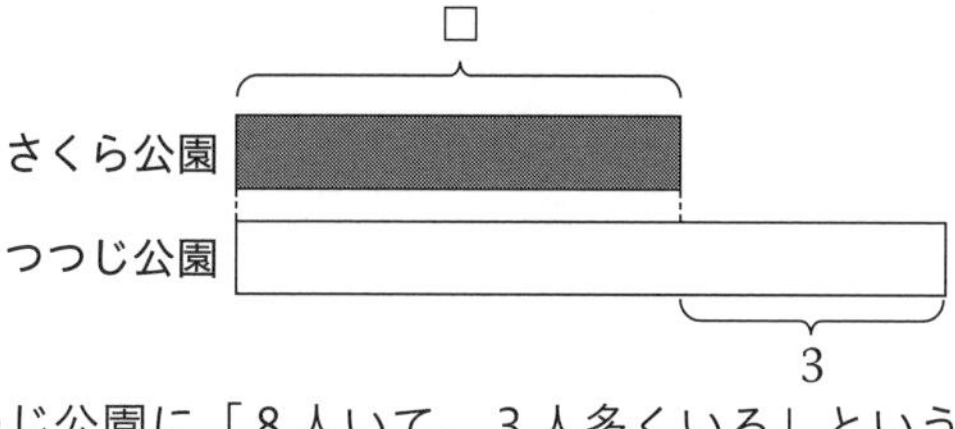

　つつじ公園に「８人いて、３人多くいる」というのであれば、さくら公園には「５人がいる」ことが前提になります。分かっていることをなぜ問題にするのか、子ども心に不思議でした。こうした問題をいたずらに繰り返すと、子どもは算数の問題解決をクイズかなぞなぞと同じレベルだと考えるようになりかねません。

「乗法・除法（下学年）」の授業記録より

3 「見いだす」という発見的な学習

1. 「見いだす」という学習の方法

「見いだす」という言葉が算数指導を語る中でたびたび登場します。例えば、算数科の目標（2）には「基礎的・基本的な数量や図形の性質を見いだし統合的・発展的に考察する」とあります。中学校・数学科の目標もほぼ同様に示されています。

「見いだす」という言葉を辞書で引くと、「見つけ出す」「発見する」とあります。この意味から捉えれば、「算数の学習」は、子どもにとって未知のことを、既知のことと関連付けて「発見する学習」でなくてはなりません。

自分との関係において意味の発生しない学習、例えば、「丸覚え」などの学習を「機械的学習」と言います。一方で、既有知識と未知の問題を関連付けながら新しい概念を学ぶことを「有意味学習」と言います。

先日、他の授業で各自が体験したこの2つの学習をチャットに書き込んでもらったところ、「機械的学習」の枠組みの書き込みに、

「かけ算」「九九」

という回答が多く見られました。

これには思わず唸りました。なぜなら、義務教育のかなり早い段階において、小さな子どもたちが「算数」を機械的学習として受け入れているという実態に他ならないからです。それでは算数嫌いも増えて当然でしょう。

算数を通して「見いだす」ことの楽しさを伝えたいものです。主体的、対話的、これに加えて、発見的に深い学びの実現を目指しましょう。

今日は、2年生で学ぶ「かけ算」の授業を題材にそうした指導法について考えていきましょう。

2. かけ算の問題場面

同じ数を何回も加えるたし算を「同数累加」といいましたが、かけ算はこの累加の式を簡潔に表現した式です。これを（1つ分の大きさ）×（いくつ分）=（いくつ分に当たる大きさ）と捉えられるように指導していきます。ですから、かけ算の意味を知る学習で取り上げる問題は、同数累加の式で表すことができる場面で、そのことを図に書くと、かけ算の意味を表現するアレイ図になること、この2つの要件を満たす問題が適切です。

はじめに、この教材を見て下さい。（ビデオ視聴）

（ア）

（イ）

（ウ）

（エ）

このビデオは、体育館の2階席から撮影された固定画像です。一本のラインが引いてあります。そこに数人の子どもがさっと並びます（ア）。「よーい」と先生の声がして、「ピッ」と笛が鳴り（イ）、子どもたちが一斉に走って行き、画面から消えます（ウ）。この間、2、3秒です。続いて、次も数人の子どもたちが手際よく並び、先生の合図で一斉に走って行きます。このようにして子どもたちが次々と走り、最後は誰もいなくなりました。そして、場面が変わり、カメラに向かって40人くらいの子どもたちが元気に手を振ってくれています（エ）。ビデオはここで終了となります。

3．日常の事象と算数の舞台の距離

指導者は、「今日はみんなに見てほしいビデオがあります」とだけ言い、ビデオがスタートしました。

期待していたビデオは、あっという間に終わってしまい子どもたちは拍子抜け、唖然としています。指導者はその子どもたちに向かって、「今、見たビデオで、何か覚えていることありますか」と聞きました。通常、算数の問題文は「全部で何人、走ったでしょう」

と聞きますが、あえて、遠い位置から投げかけています。

一人目の子どもは「みんな、足が速かったです」と言い、二人目は「腕とかよく振れていてかっこよく走れていました」と言いました。みんなニコニコして語っています。子どもが自然な状態で日常の事象を捉えると、そう簡単には算数の舞台には上がってくれないことがよく分かります。

指導者はその声を肯定的に受け止めながら、発問の仕方を変えました。「ビデオの最後の場面（エ）、覚えていますか」です。子どもたちから「はい」という素直な声が返ってきます。「ビデオの最後の場面で、走っていた人たちが『わぁー』って手を振っていましたね」と小刻みに記憶を確認していきます。再び「はい！」という元気な返事が返ってきます。

その反応を見て、「あの人たち、全部で何人いましたか？」と問います。この発問に対して、子どもたちが「えー!!!」と大声を上げます。本当に驚いた様子でした(笑)。子どもたちにとっては、走っている人の人数を聞かれるとは、まったく予想外の質問だったわけです。

子どもたちの目の前から数える対象は消えています。一人の子どもから「大体だったら言えるんだけど」という声が上がりました。

指導者がこの声を取り上げると子どもは活気づき、次々と思ったことを声にします。指導者は発表を聞きながら、さりげなく5の倍数とそうでない数に分けて板書（図1）をしていきました。思惑としては、左列に並んだ30、45、35などの数の集合から「5」という1つ分の大きさを話題にする転機が作れるからです。

一通り子どもの予想を聞き、たくさん並んだ数を眺めながら、「みんなの予想を全部書いたけど、この中に正解はあるのかな？」と聞いてみました。

「あると思います。だって、たくさん、数があるから、どれかは当たっていると思います」と真顔で答える子ども。本当に素直でかわいらしい反応です（笑）。

30	27
45	24
35	32
25	28
50	29
20	31

（図1）

4．消えた対象を数える

それでも指導者は、子どもたちが事象を数理的に捉える主体となるよう、粘り強く発問を続けていきます。授業映像が残っているので事実を見てみましょう。（動画再生）

T「じゃ、当たっている数はどれかな？　頭の中でビデオをもう一度、巻き戻して、数のヒントになることが振り返られないかな？」
児童Ａ「あっ。わかったかも」（つぶやき）
Ｔ「はい、Ａさん」（全員、Ａを注目する）
児童Ａ「えーと……はしるときに……」（言葉を慎重に発していく）
Ｔ「はしるときに……」（指導者がＡの言葉を同じテンポで復唱する）
児童Ａ「１れつにならんでいるから……（言葉を慎重に選んでいる）……つぎのれつも……えーと……」
Ｔ（Ａの言葉を板書する）「はしるときに１れつにならんでいて、つぎのれつも……」
児童Ａ「……同じ人数で……」
他児童「あー！　そうか!!」（動画終了）

児童Ａと指導者の１対１の対話ですが、指導者は子どもの声を復唱しながら、他の子どもたちが児童Ａの言葉をイメージ化できるようにすすめています。

また、途中には板書によって言葉の視覚化も行っています。これによって、Ａの「つぎのれつも……」の次に続く言葉を考えようとする子どもが増えていきます。「あー！　そうか!!」と言う声が聞こえます。

その様子を見て指導者は、「Aさんがこのあと言いたかったこと、想像できますか？」と発問をし、隣同士や前後で話し合わせました。

5．消えた対象を再現する

指導者は、子どもたちの素朴で未完成な言葉の解釈をする並走者であり、子どもの困惑の共感者という役割を担っています。また、時には問題解決の行き先を薄っすらと照らす案内人の役割も担っています。

「『1れつにならんでいる』とか、『つぎのれつも同じ人数で』という言葉について、もう少し、お話できる人はいますか？」と聞くと、児童Bが自ら前に出て、チョークを持って黒板に図を描きはじめました。

再び、授業映像で事実を見てみましょう。（動画再生）

児童B　「はっきりはわからないけど、6人くらい走っていたとして……」（図を描く）

○○○○○○

T「この○は、1列目にならんでいる人?」
児童B「はい。1れつめのことで……」(さらに図を描き加える)
児童B「つぎのれつも同じ数、ならんでいるの」(動画終了)

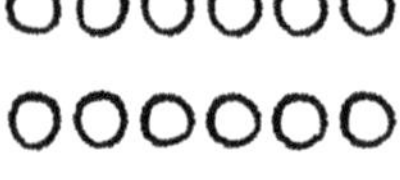

6．かけ算の概念を見いだす過程

ここまでが授業の前半から中盤の様子です。指導者は、「1つ分の大きさ」と「いくつ分」に迫る発問を対話の深化に合わせて行っています。

ここで着目すべきところは、児童Bが黒板に自分から○を6つ描き説明をはじめる場面でしょう。図を使って自分の考えを伝えようとする算数的表現力は算数・数学の対話的な学びを実現する上で重要な力です。

児童Bの説明は、多くの子どもに明確な映像を想起させました。この後に続いた他の子どもたちの言葉は、

「走っている人数と……つぎの1れつ……を、たす」
「そのうしろにも、ずっと6人がいるから、つぎのれつもたしていくの」

「でも、本当に6人かわからない」
「6＋6＋6＋……、ってもっと走っていたけど、それはビデオを見ないとわかりません」
などでした。黒板には言葉、図、累加の式が子どもの声で表現されました。

　児童Bが説明した直後の他の子どもたちの反応は大きく、拍手や「わかった！　わかった！」の声、知的歓喜にあふれ、隣同士や前後で自分の理解の状況を言葉にして伝え合っています。

　この状況において、そろそろ2度目の視聴の「潮時」と判断した指導者は、「では、もう一度、ビデオを見るときは、みんな、どこを見るの？」と発問します。子どもたちからは、
「ならんでいる人数」（1つ分の大きさ）、「れつの数」（いくつ分）という2つの視点が上がり、「そうそう！」と同意の声が一斉に響きました。

　授業の後半では、二度目のビデオを見た子どもたちが、その画

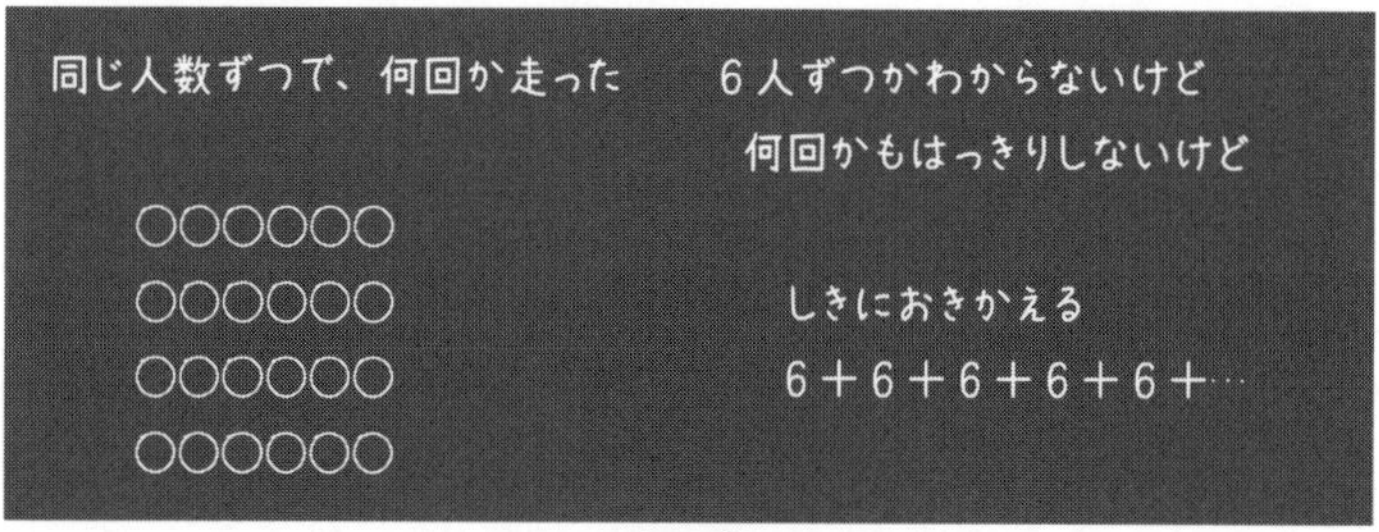
同じ人数ずつで、何回か走った
6人ずつかわからないけど
何回かもはっきりしないけど
○○○○○○
○○○○○○
○○○○○○
○○○○○○
しきにおきかえる
6＋6＋6＋6＋6＋…

（図2）

像を指導者のねらい通りに、数を捉えることができました。

このような指導の工夫、子どもへの働きかけにより、子どもの発見を関連付けて有意味学習を展開することができます。

さて、改めて聞きます。

皆さんは、このような事例を学んだ今もかけ算は「機械的学習」だと思いますか。

泰安洋講《たいあんようこう》③

オーセンティックに学び直す

白い○を横に 15 個並べたプリントを学生に配り、そのうちの 7 つを適当に塗りつぶしてもらいます。

○○●○●●○○●○●○●○●

●○○●○●●○○●○●●○○

学生Aさんが「大相撲の 15 日間の星取表みたいだ」と言います。それを受けて、B さんは、「だったら、こんな勝負はないですね」とプリントを見せて笑って言います。

○●○●○●○●○●○●○●○

このような星取表を相撲用語で「ぬけぬけ」と言います。実は 2004 年 11 月場所で玉飛鳥という力士が達成しています。調べてみると、1949 年以降から現在までの間に、わずかに 4 回（4 人）という記録でした。幕の内の力士が行った 60 数年間の取組回数を分母にして計算するといかに珍しい結果かが分かります。

そんな話をしながら、教室にいる 32 人の学生が書いた 8 勝 7 敗の星取表を確認してみると 1 つとして同じものがありません。この星取表を「全て書きだす」ことはできるのでしょうか。

少しだけチャレンジしてみましたが、C さんが「無理です」と言い、次の式をホワイトボードに書きました。

$_{15}C_8 = {}_{15}C_7 = 6435$（通り）

15 個の星の中から勝ち星を 8 個、あるいは負け星を 7 個選ぶときの組み合わせを求めると 6435 通り。確かにこれを全て書きだすことは手間暇だけでなく、正確な結果にたどり着くことは困難だと推論できます。数学を使うと労力の効率化が図れます。

現実の場面を用いて学習を構成することで（authentic learning）大学生も算数・数学を楽しく学び直すことやその価値に気付くことができます。

「乗法・除法（下学年）」の授業記録より

4 イメージを置き去りにしない指導

1．わり算が用いられる場面と意味

「わり算」は2年生で学んだ「かけ算の逆算」として3年生で学びます。

わり算は大別すると2つの意味があります。まずは、このことを確認しましょう。

図（図1）を見て「12÷4」の問題をつくって下さい。

Aさん、Bさん、どうですか。

学生A 「あめが12個あります。1人に4個ずつ分けると何人に分けられますか。」

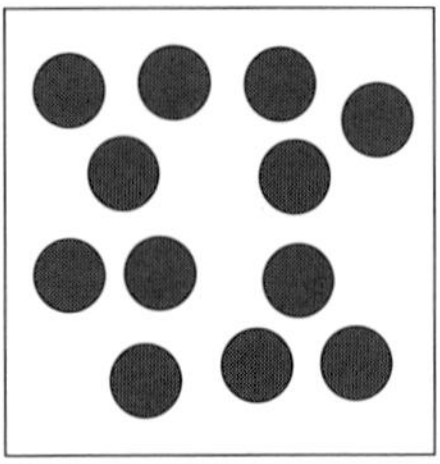

（図1）

学生B「あめが12個あります。4人に同じ数ずつ分けます。一人分は何個になりますか。」

では、Aさん。この図に今の問題の結果を表してみて下さい。

学生A（図2を描く）

4個ずつ分けていくと3つのまとまりができました。4個のまとまりがいくつ分あるかを聞いています。こういうわり算を包含除《ほうがんじょ》と言います。Aさん、この図をかけ算で表して下さい。

学生A「4×3＝12です」

続いてBさんも図に表してみて下さい。

学生B（首を傾げながら図3を描く）

Bさんが操作したわり算を等分除《とうぶんじょ》と言います。4つに分けたときの1つ分の大きさを聞いています。

では、Bさん、この図をかけ算で表して下さい。

学生B「3×4＝12です」

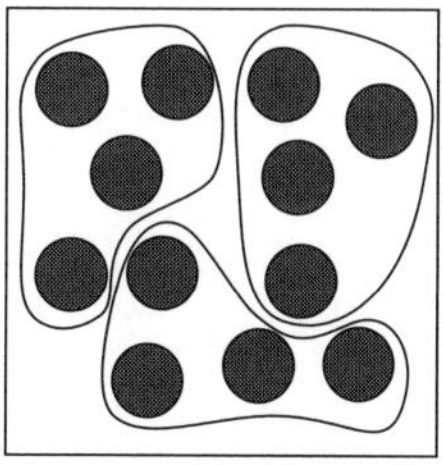
（図2）

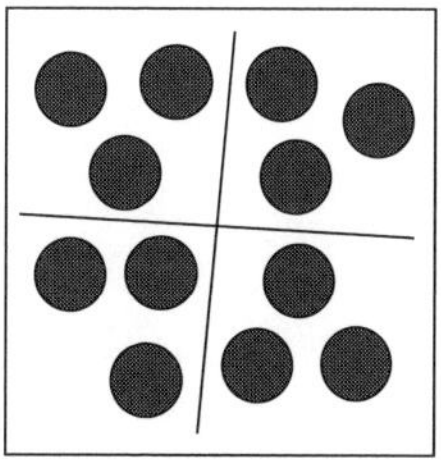
（図3）

2. 包含除と等分除

わり算をやっているのにかけ算が出てきます。包含除は「4×□＝12」となり、等分除は「□×4＝12」となりました。かけ算の意味は、(1つ分の大きさ)×(いくつ分)＝(いくつ分かに当たる大きさ)でしたから、包含除は「いくつ分」を求めるわり算、等分除は「1つ分の大きさ」を求めるわり算ということが分かります。

このように異なる2つの操作を「わり算」として子どもたちに認めさせること、あるいは、区別ができるようにすることは、現場の先生たちも「なかなか難しい」と言います。

子どもたちには、「包含除」「等分除」という言葉は用いません。ある先生は、「4こずつ分けていくと自分の分はあるのかな」と場面設定をして包含除を「ドキドキ算」と子どもたちに呼ばせていました。等分除は「自分も入れた4人に分けるとき、いくつもらえるかな」と考えさせて「ワクワク算」と呼ばせていました。操作の様子を言葉と結びつけて理解させようした小学校の先生ならではのアイデアです。

明治時代の教育論文にも「ヅツワリ」「ニワリ」という用語によって教えてみると子どもが分かりやすかった、といった知見が見られます。包含除は「4こずつ分ける」だから、ヅツワリ。「ずつ」は漢字で「宛」と書き、同じ数だけわりあてる、という意味があります。等分除は「4人に分ける」だから、ニワリと教えたらどうだろう、という試みです。子どもにとって分かりにくいところは、昔も今も変わらないのです。

3．どちらを先に教えるか

わり算の小単元には「あまりのあるわり算」があります。このときの問題を教科書から拾い上げてみましょう。

例えば、A社の教科書では「20このみかんを、6こずつふくろに入れると、6こ入ったふくろは何ふくろできますか。」とあります。B社は「ももが17こあります。1ふくろに5こずつ入れると、何ふくろになりますか。」となっています。どちらも包含除の問題です。なぜでしょう。

学生C「等分除の問題で考えると、例えば、20個のお饅頭を6人に分けるだったら、残りの2個が問題になります。このとき残りの2個をさらに6人で分けると考えるからだと思います」

なかなかするどいですね。等分除だと「割り進む」という考えが出てきてしまいます。包含除の場面ならば、3つのかたまりができて、「2つ、残る」という余りが素直に受け入れられます。

ここまでの話を踏まえて、皆さんだったらどちらを先に教えますか。包含除ならグー、等分除ならパーを挙げて下さい。（学生挙手。グーが圧倒的多数）

確かに3年生のわり算を概観すると、「包含除」をわり算の基本概念として学習をはじめたほうがいいようにも思えてきます。

教科書はどちらからはじめているでしょうか。これは自分たちで調べてみてください。複数の教科書を見てみるとよい教材研究ができます。

4．イメージを置き去りにしない

わり算の導入期の3年生は、かけ算九九の逆算から学びはじめますが、4年生になると69÷3などのように九九が適用できない（2位数）÷（1位数）へ被除数の範囲が拡張します。

そして、ここで筆算形式を学びます。

この時、せっかく学んだ2つのわり算のイメージを置き去りにしないで、計算の仕方を考えさせる指導が大切です。

例えば「69÷3」の計算を考える時、「69枚の色紙を3枚ずつ束にする操作」と、「69枚の色紙を3人で同じ数ずつ分ける」という操作はどちらがイメージしやすいですか？

学生D「等分除です。60を3つに分けて20。残った9を3つに分けて3。だから、23と考えられます。」

そうですね。そのイメージを教科書（図4）も丁寧に扱っています。ここでは、被除数が拡張されたので、69を60と9と見て、計算を工夫するように導いています。

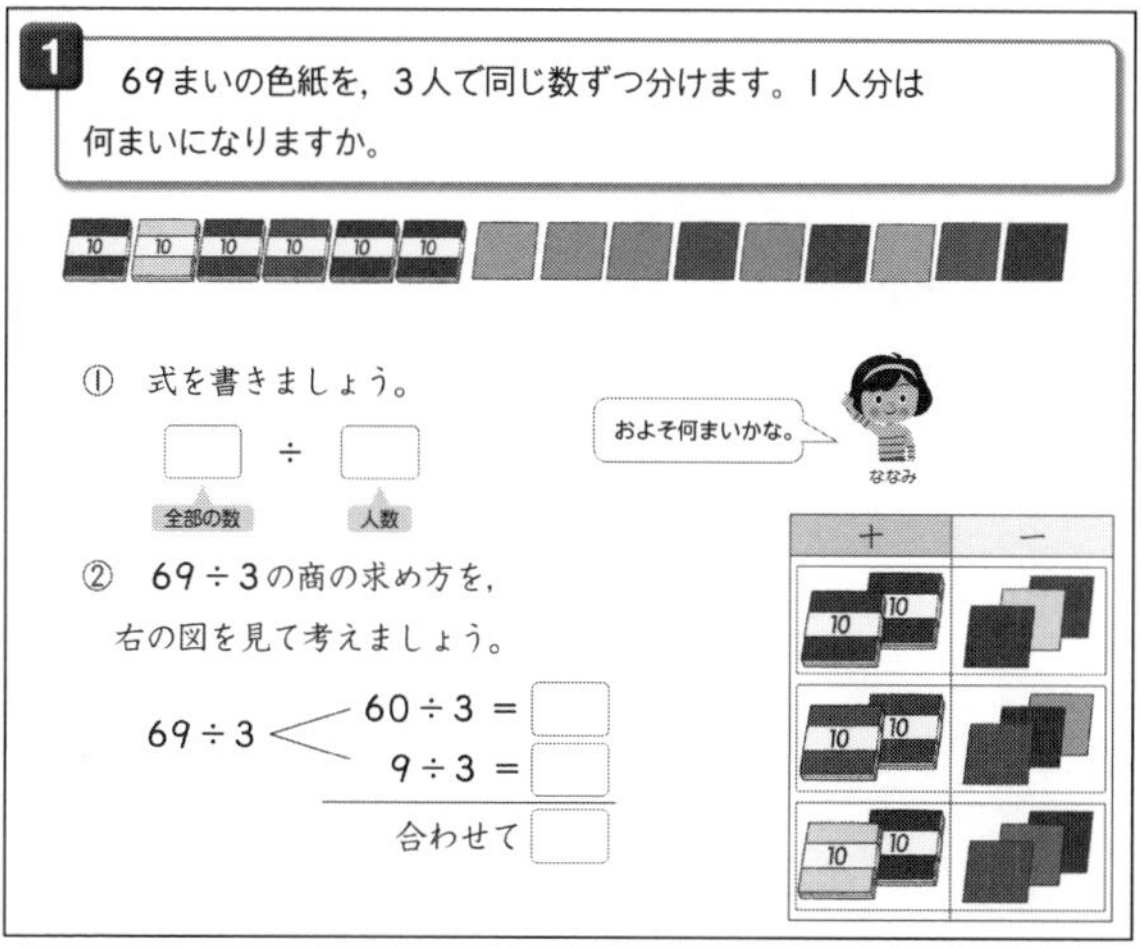
1
69まいの色紙を，3人で同じ数ずつ分けます。1人分は何まいになりますか。
10
① 式を書きましょう。
÷
全部の数
人数
およそ何まいかな。
ななみ
② 69÷3の商の求め方を，右の図を見て考えましょう。
69÷3
60÷3 =
9÷3 =
合わせて
＋
－

（図4）令和2年度版　みんなと学ぶ　小学校算数4年上（学校図書）

この時、子どもたちには筆算を学ぶ必然も、筆算を使う必要も生じません。

5. 子どもが感じる形式化のよさ

教科書は次の段階に移ります。

子どもたちは「72÷3」（図5）をはじめの問題と同じように処理しようとします。

するとうまくいきません。そこで、子どもたちは、「あまり10」に目を付けます。

ここでも順序よく処理していくと計算は正確に完了します。では、

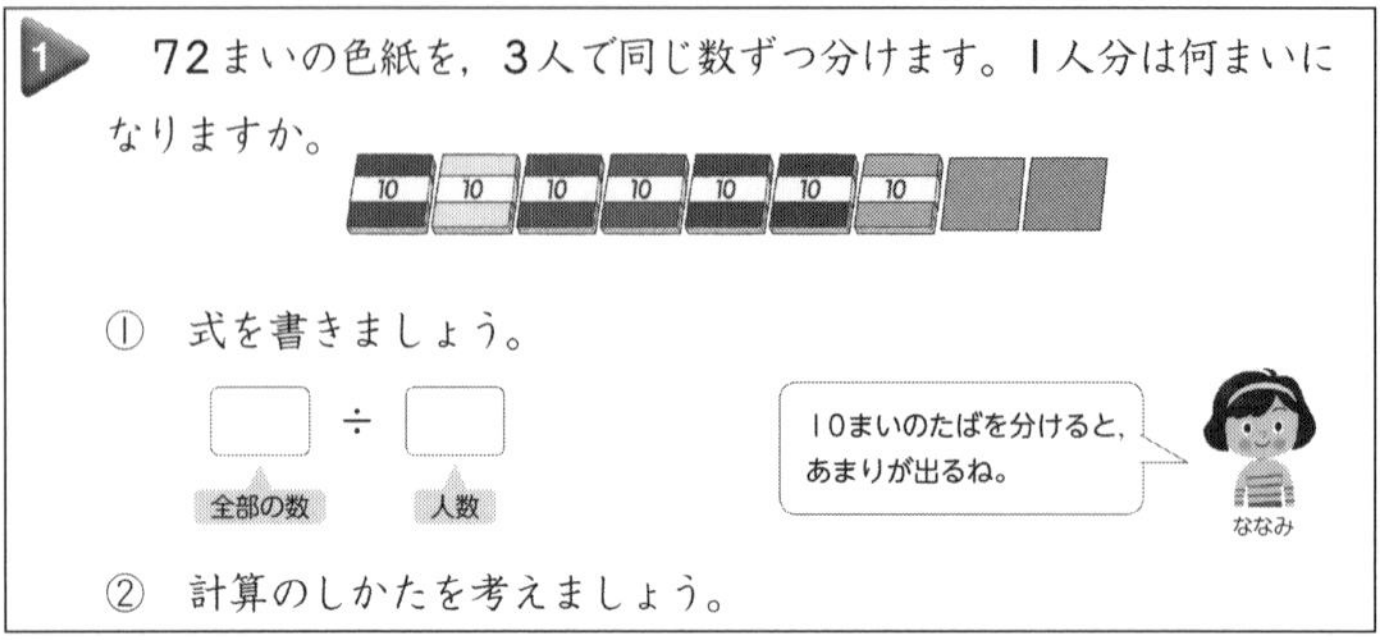

1 72まいの色紙を，3人で同じ数ずつ分けます。1人分は何まいになりますか。

① 式を書きましょう。

② 計算のしかたを考えましょう。

（図5）令和2年度版　みんなと学ぶ　小学校算数4年上（学校図書）

72÷3 ＜ 70÷3＝20 あまり 10 ／ 2÷3＝ ？

↓

72÷3 ＜ 70÷3＝20 あまり 10 ／ 12÷3＝4　（10+2=12）

合わせて 24

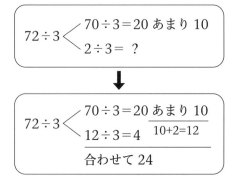

この方法は他の計算でも使えるでしょうか。

試しに数を拡張してやってみましょう。

536枚の色紙を4人で分けます。一人分は何枚でしょう。

数を拡張しても同じ手順を繰り返すことで計算ができます。このような経験を積ませることで、子どもたちは、手順を形式化するよさを学んでいきます。

いくら発見的な学習が重要だという立場に立っても、筆算形式そのものを子どもに発明・発見させることはできません。筆算形式自体は教えるものです。

しかし、単に教える、ということではなく、子どもたちがわり算の筆算を実行する中で、「たてる」「かける」「ひく」「おろす」といったアルゴリズムのよさを感得できるような素地を育てておくことが大事です。計算の知恵がぎゅっと詰まったわり算の筆算形式のよさに感動できるような子どもにしたいわけです。教科書の意図もそこにあります。

536÷4
- 500÷4＝100 あまり 100
- 130÷4＝ 30 あまり 10
- 16÷4＝ 4

合わせて 134

わり算のアルゴリズムを説明するには、教科書1ページ全面デザイン（図6）が必要です。かなりの情報量となります。ですから、このページを掛図のように使って説明中心で教え込むこと、すなわち「教科書を教える」という指導には無理があることが分かります。教師が「教えるためのページ」ではなく、子ども自身が「活用するページ」、つまり、具体物と計算のイメージを振り返ったり、計算の手順や過程を確認したりする際に活用する資料、と捉えておくと良いのではないかと思います。

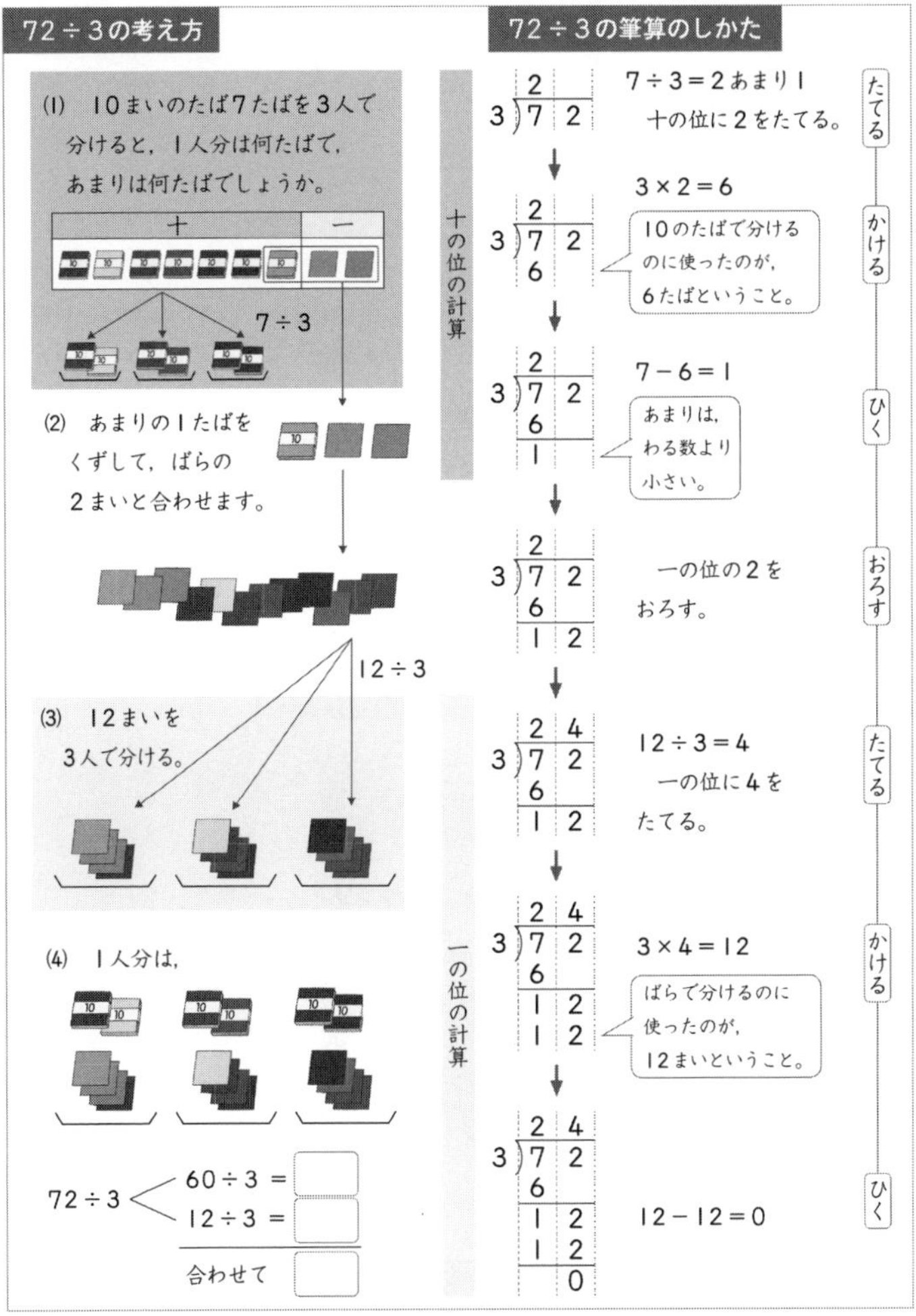

（図6）令和2年度版　みんなと学ぶ　小学校算数4年上（学校図書）

6．わり算で比べる難しさ

3年生では、「2量の比較」にわり算を使うことも学習します。わり算を使って「倍で比べる」という計算です。

3年生のわり算の指導計画の後半にある問題（図7）です。「12㎝の赤いテープは、6㎝の青いテープの何倍ですか」という問題では、6㎝の青いテープが「もとにする長さ」です。言葉の順番のまま式に表すと、

12÷6＝2（倍）

と立式して求められます。ところが、「6㎝の青いテープは、12㎝の赤いテープの何倍ですか」と尋ねても、

12÷6＝2（倍）

と答えて、何の違和感も覚えない子どもが少なくありません。

どちらがもとにする長さで、どちらが比べられる長さなのかには頓着がなく、単に、大きい数を小さい数でわること、大きい数から小さ

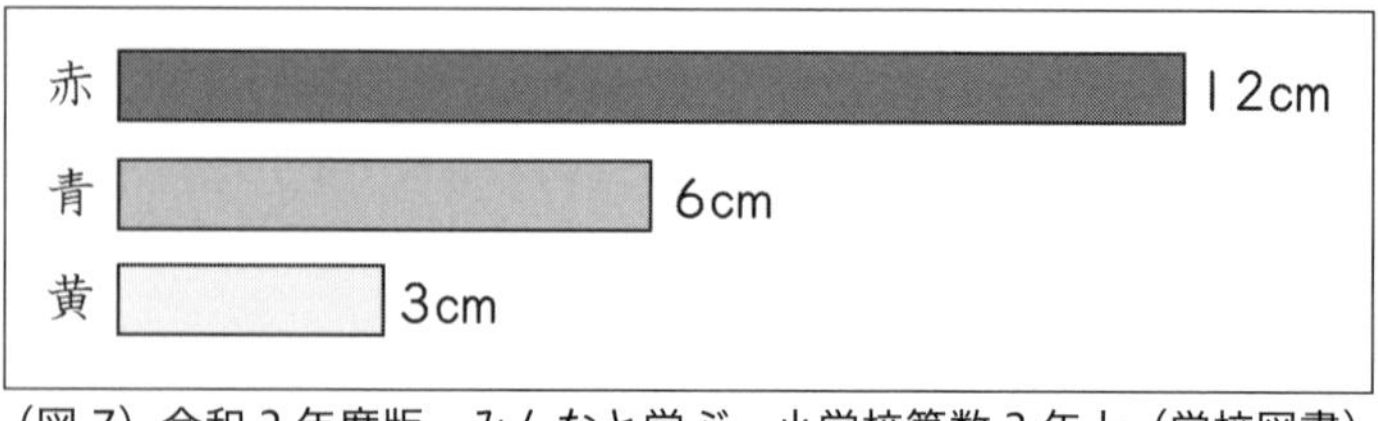

（図7）令和2年度版　みんなと学ぶ　小学校算数3年上（学校図書）

い数をひくことに慣れているからです。

試しに、子どもに向かって

「赤いテープは……何倍ですか？」

と、曖昧な質問をしてみます。すると、

「え？　何の？」

と聞き返してくるはずです。

この「何の？」が、「もとにする長さ」を指しています。

「赤いテープは、青いテープの何倍ですか？」と言い直すと、

12÷6＝2（倍）

と答えます。続けて、

「青いテープは、赤いテープの何倍ですか？」

と聞けば、ここでやっと

6÷12＝？

「え？」と考えるでしょう。

3年生ではこれ以上、立ち入ることはありませんが、「もとにする長さ」を意識して比

べることの大切さは伝わるでしょう。
「6㎝の青いテープは、12㎝の赤いテープの何倍ですか?」という問題ですが、2008年度の全国学力・学習状況調査で同じような問題が出題されています。その正答率は、55.7%でした。6年生に至っても「もとにする長さ」を判断することが苦手なようです。

こうした内容は4年生から学習する「割合」の内容につながっていきます。「割合」は、「C変化と関係」の領域の内容なので、「除法」の学習内容との系統の交通整理をして指導に臨んで下さい。

「くらべる」という言葉を辞書で引くと、「比べる・較べる」という2つの漢字があります。「較べる」は常用外の漢字ですが、「比較」という熟語は通常に使われています。

以前、坪田耕三先生から、「『比べる』は「わり算」でくらべること、つまり、違いを「割合でみる」ということ。『較べる』は「ひき算」でくらべること。こちらは、「差でみる」ということ。それぞれ、意味が違うんだよ」と教えて頂きました。「比較」という熟語がとても数学的な言葉に感じた瞬間でした。

では、今日はここまでとします。

泰安洋講《たいあんようこう》④

現実の場面に引き寄せる

大学の指導法の授業計画の中に「模擬授業」があります。指導案の書き方の形式を知り、理想的な展開案を作成することは大事ですが、私は、「教師が困った局面」を限定して示し、そこからの指導法を考えさせることを度々行います。以下、一例です。

ある授業一場面です。

・・・・・・・・・・・・・・・・・・・・・・・・・・・・・・・・・・・

『5 人の班で 32 個のおはじきを分けてゲームをします。おはじきは一人分何個でしょう。また、おはじきは何個、あまるでしょう。』

という問題を解決していたところ、突然、A 君が、「32÷5＝6 あまり 2。あまった 2 個はゲームに勝った人の賞品にしようよ」と言いました。すると、B さんが、「それならもう少し賞品をふやせばゲームが盛り上がるよ」と言いました。C さんが「32÷5＝5 にして、商品は 7 個がいい」と続きました。さらに、D 君が「だったら一人 4 個にすれば、賞品は 12 個になるよ」と言い、教室が大いに活気づいてきました。

このやりとりを聞いていた E さんが言いました。「あまりのあるわり算の答えはいっぱいあるんだね」と言いました。

・・・・・・・・・・・・・・・・・・・・・・・・・・・・・・・・・・・

【演習】

あなたが指導者だったら、この場面にどのように対応・展開していきますか。「あまりのあるわり算」の「ねらい」を踏まえて、この続きのストーリーを考え、教師の適切な介入や発問、支援を指導案に書いてみましょう。

5 教材の解釈とその本質

1．導入期の分数

分数の学習は2年生から始まって6年生まで指導する内容が配置されています。子どもにとって分数が難しいと言われるのには2つの理由があると思います。

1つ目の理由は表現の仕方です。分数は2つの数を使って1つの数を表しています。分母は単位をいくつに分けたかを表し、分子はそれがいくつ分あるかです。2つの数の役割が違うのに1つの数と見ます。

2つ目の理由は使い方が多様だということです。操作を表すために使われる分数、量を表すために使われる分数、割合を表すために使われる分数、商を表すために使われる分数などがあります。それぞれ順番に、操作分数、量分数、割合分数、商分数と言われています。

今日は、主として3年生で学ぶ量を表す分数について考えていきたいと思いますが、その前に導入期の分数指導を確認しておきましょう。

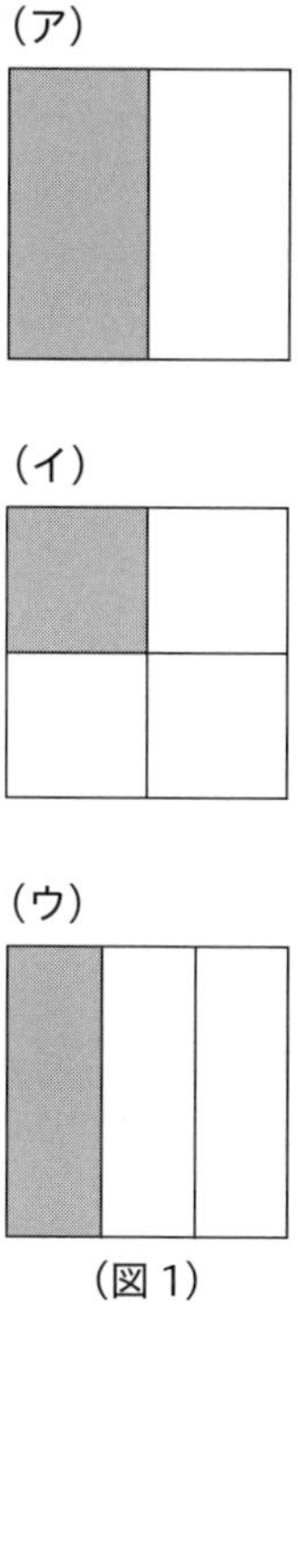

（図1）

2年生では具体物を等分してできる大きさのいくつ分かを表す数として学んできています。「操作分数」あるいは「分割分数」と呼んでいます。

例えば、このように（図1）同じ大きさの折り紙を折って、「色をぬった部分はいくつあるかな」と子どもに尋ねれば、（ア）は1つ、（イ）も1つ、（ウ）も1つ、と答えます。1、1、1、と同じ数字が3つ並びますが、それでは量を正確に表せていないことに子どもは困ります。

「1つの数では表したい量が正しく表せない」。この不自由さから、「いくつに分けたか」が話題となります。（ア）は2つに分けた1つ分、（イ）は4つに分けた1つ分、（ウ）は

3つに分けた1つ分です。言葉で表現することで、2つの数が巧みに使われていることを発見的に学習させることは可能ですし、大切にしたい場面なのですが、実際のところ「2つの数が巧みに使われていること」を子どもたちに印象付ける指導が弱いと感じています。

「括線」（かっせん）という聞きなれない言葉があります。分数を表現するときに用いる1本の横線のことですが、この線で2つの数を括《くく》っています。これが分数の巧みなところです。

「書き順などはどうでもいい」という立場の方もいると思いますが、括線を最初に書くことで（図2の①）、「今から分数を使って量を表します」という前提を示していることになるわけです。

（図2）

2．量分数の指導と課題

3年生になると、量を表す分数の学習が行われます。

ある量の端数部分を分数で表したり、その分数を単位にして別の量を表したりしながら、量分数の学習をします。教材には1mや1Lを基準とした端数部分がよく使われています。

この時、「$\frac{1}{4}$m」「$\frac{1}{3}$L」と言えば基準にするものを考える必要はないことのよさを学びます。

ところが、子どもの立場で考えてみると1mや1Lの端数部分を表す下位単位であるcmやdLを知っているので、分数で表現すること自体に必要感が持てません。「cmを使えばいいと思います」という子どもの声に、「今日は、mだけを使って考えます」という先生の指導はかなり強引と思えます。

また、教科書の「はした」はどれも1mを等分できる量です（図3）。はしたとは端切れのこと、つまり余った長さのことですから、ピタリと$\frac{1}{2}$や$\frac{1}{3}$や$\frac{1}{5}$になるような都合のよい「はした」はなかなかありません。つまり、日常の事象とはかけ離れた量が教材になっています。

正木孝昌先生はこの課題に対して、「1ゴリ」という仮想の単位を持ち込んで授業をされています。授業には正木

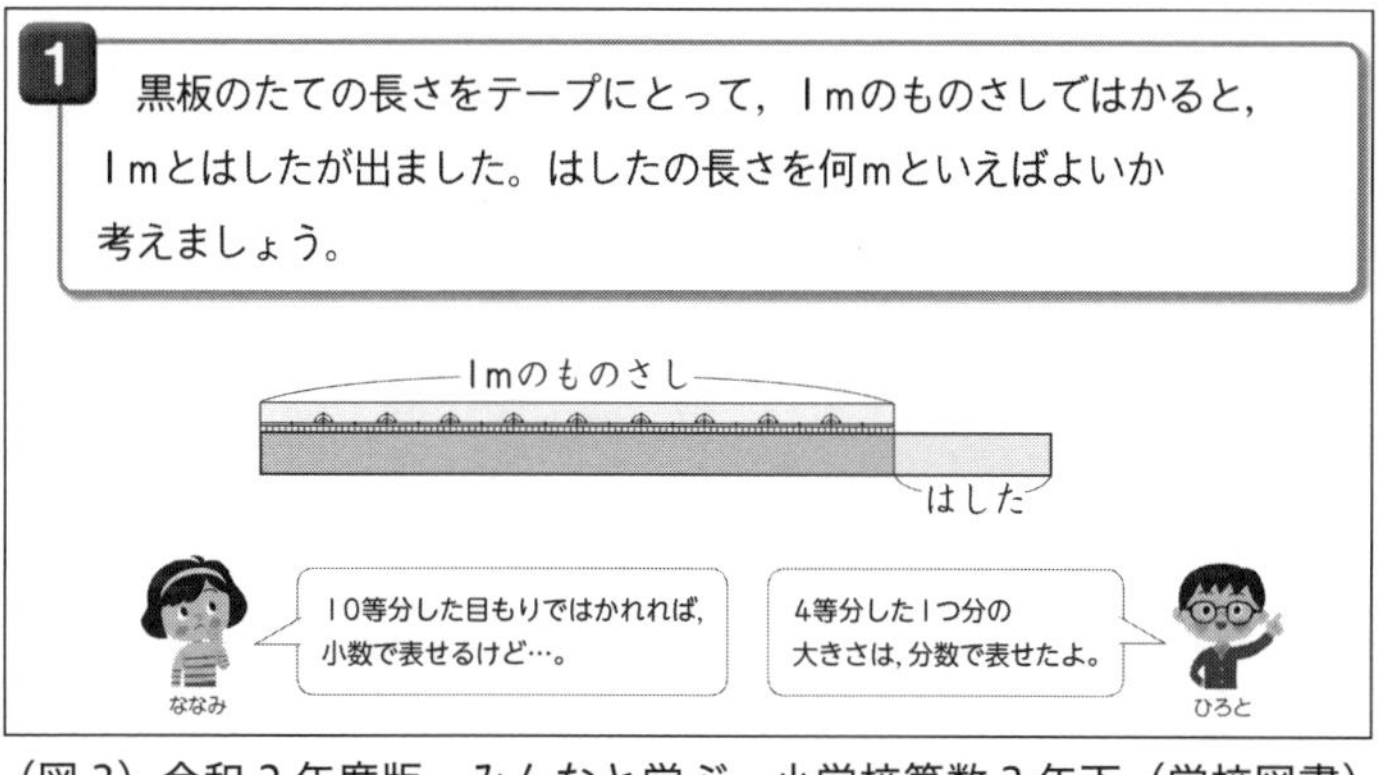
1
黒板のたての長さをテープにとって，1mのものさしではかると，1mとはしたが出ました。はしたの長さを何mといえばよいか考えましょう。
1mのものさし
はした
10等分した目もりではかれれば，小数で表せるけど…。
ななみ
4等分した1つ分の大きさは，分数で表せたよ。
ひろと
（図3）令和2年度版　みんなと学ぶ　小学校算数3年下（学校図書）

先生が演じるゴリラ大王が登場します。

　体の大きな正木先生が子どもたちに向かって突然、「おれはゴリラ大王だ。今日から人間どもの使っているメートルとかセンチメートルとかいう単位を使ってはならん。代わりにおれの腕の長さを1ゴリとして、これをこの国の長さの単位にする」そう言って、70㎝くらいの曖昧な長さのテープを子どもたちにくばりました。この1ゴリで身の回りのものを測ると「はした」が出て、そのはしたの測定の仕方を問題とするという授業でした。

　はしたを何とか測りたい子どもたちは、1ゴリを半分、さらにまた半分にして、1ゴリとその半分のまたその半分、何回か折ってもテープを10等分することはできません。子どもたちの手の中には$\frac{1}{2}$ゴリ、$\frac{1}{4}$ゴリ、$\frac{1}{8}$ゴリ、$\frac{1}{16}$ゴリ…という新しい単位が生まれ、それを用いて長さを測り取るというこの授業に私は大いに共感を持ちました。

　正木先生の実践に刺激されて量分数の教材を考えているとき、1つの素材を見つけました。今日はその教材を紹介しながら、みなさんと量分数の指導について考えてみたいと思います。

　量分数は3年生で学ぶ内容ですが、ここで扱う問題は導入期にはちょっと複雑なので、高学年での学び直し、トピック教材が適当かと思います。

では、突然ですが、街中で見かける郵便ポスト、そのポストにある「郵便マーク」を描いてみて下さい。

では、Cさん、Dさん、Eさん、Fさん、描いたマークを見せて下さい（図4）。

3本の線で構成されたマークなので、3本の線の長さに着目してみましょう。

学生C「3本とも同じくらいの長さだと思って描きました」

学生D「私は縦の線が、横の線より長いと思いました」

学生E「Dさんと一緒です」

学生F「上の横線が短いと記憶しています」

こうして改めて描いてみると郵便マークが3本の直線で構成されていることは記憶していても、その長さの関係はかなり曖昧なようです。

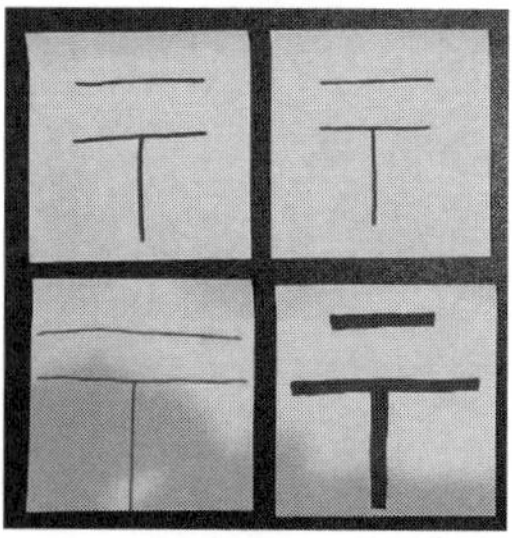

（図4）

スライドを見てください。これが実物です（図5）。（学生、「え〜！」と一斉に声をあげる）思った以上に縦の線は短いですね。

3．量を表す分数の問題解決

では、郵便マークの2本の線の関係を見てみましょう。

まず、横と縦の長さの関係を捉えるために同じ方向に並べてみます（図6）。どうですか？

学生F「横は縦の3倍くらいに見えます」

学生G「横が1。縦は$\frac{1}{3}$くらい」

「横が1」という見方を使って、横の長さを「1ポスト」という架空の単位で呼びましょう。これならcmやmmの下位単位は使えません。正木先生の「1ゴリ」と同じです。

（図5）

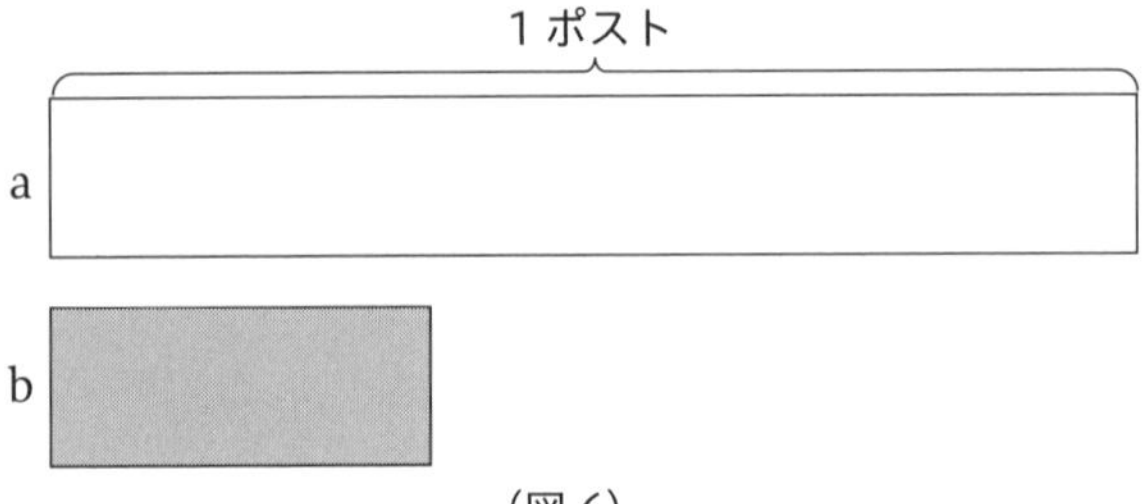

（図6）

Gさん、横が「1ポスト」なら、縦の長さはどう表現できますか。

学生G「$\frac{1}{3}$ポスト。でも、微妙にずれると思います」

では、問題設定してみましょう。

横の長さは「1ポスト」です。たての長さは「何ポスト」でしょうか。

4．量を測り取る活動

操作を通して考えていきましょう。横の長さをa、縦の長さをbとして話を進めましょう。Nさん、最初に何をしますか。

学生N「aがbのいくつ分あるかを調べます」

bを基にしてaを測り取る操作、つまり「a÷b」をするということです。スライド（図7）を見て下さい。これから何が読めますか。

学生N「bが3つ分だったら「$\frac{1}{3}$ポスト」で収束でしたが、ぴったりではありません」

学生J「aは、bが2つとcを合わせた量だと分かります」

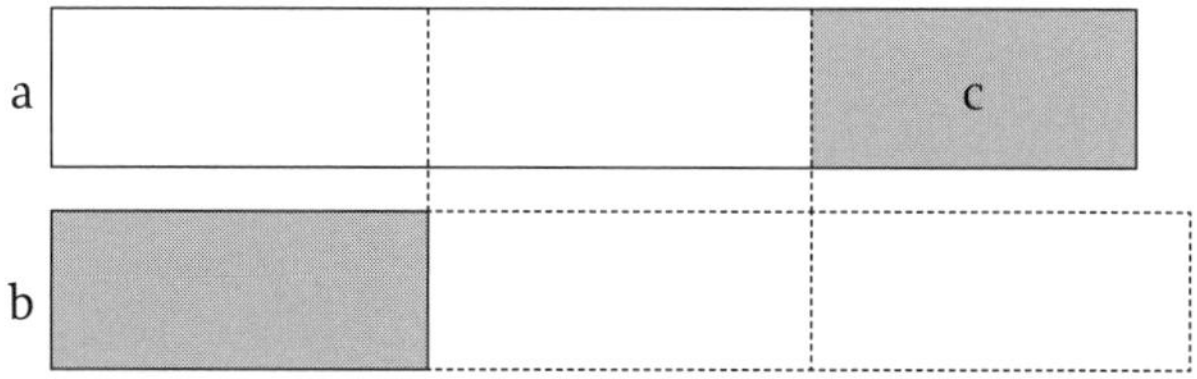

a÷b＝2 あまり c

（図 7）

学生N「a÷b＝2あまりcです」

「あまりc」の部分を「はした」と言います。では、このあとはどうしますか。

学生N「はしたcとbを比べます」

今度は「c」をもとに「b」を測り取るわけですね。スライド（図8）を見て下さい。bはcが1つとdを合わせた量です。では、これも式に表してみましょう。

学生K「b÷c＝1あまりdです」

また、はしたがでました。では、さらにdでcを測ってみましょう。c÷dをするということです。

こうするとdが6つ、うまい具合にcに収まります（図9）。

誰か式に表してください。

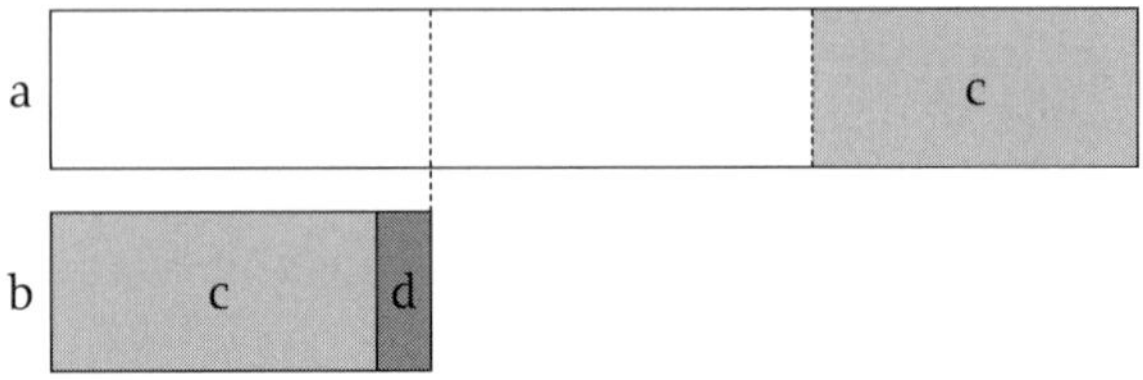

b÷c＝1 あまり d

（図 8）

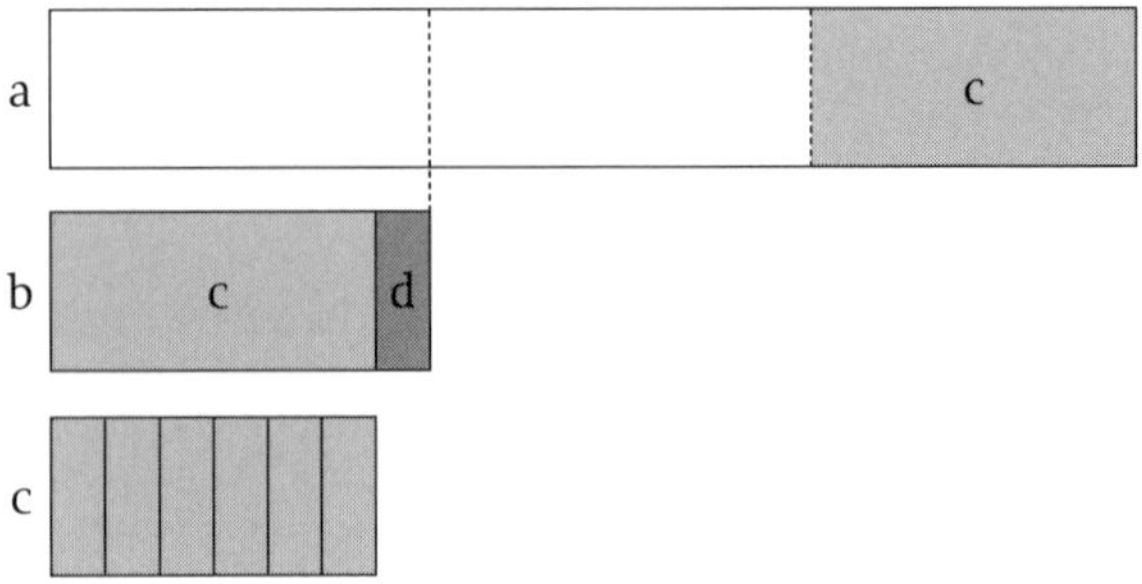

c÷d＝6

（図 9）

学生F 「c÷d＝6です」

わり切れましたね。もう、はしたはありません。

dは、aとbを測り取る「共通の単位」になるということも分かります。

それでは、「d」を単位に「b」と「a」を測定してみましょう。

「b」は、単位dが7個。「a」は、単位dが7＋7＋6で「20個」となることが分かります。

「a」を「1ポスト」としたので、「d」は「$\frac{1}{20}$ポスト」と見ることができます。この「$\frac{1}{20}$ポスト」で「b」を測り取ると「$\frac{7}{20}$ポスト」となります。

したがって設定した問題の答えは、スライド（図10）のようになります。

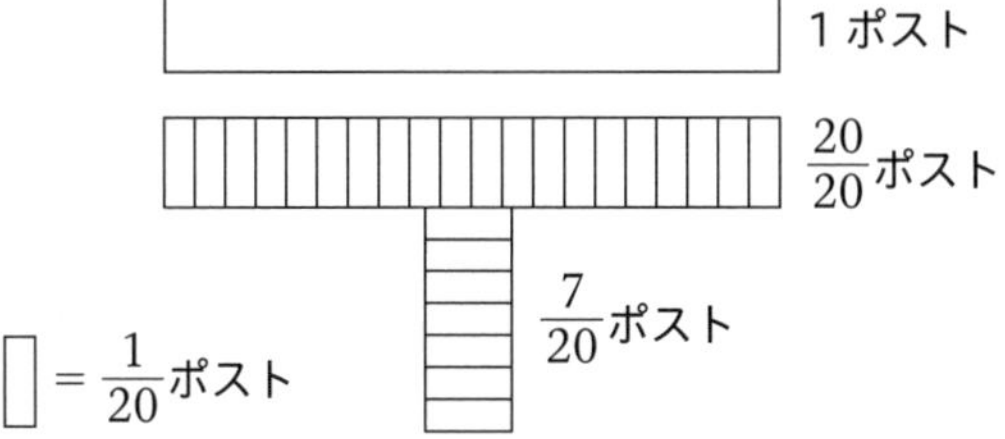

（図10）

5．子どもの実測を検証する

以前、2年生の子どもが街中のポストの郵便マークに目を付けて、その形や大きさを調べてきたことがありました。

その子は、「ポストマークの大きさは大体、よこが10㎝くらい、たてが3㎝5㎜くらいだった」と話していました。この話を同じ手順で検証してみましょう。

縦3.5㎝で横10㎝をわります。

10÷3.5＝2あまり3

次に余りの3㎝で縦3.5㎝をわります。

3.5÷3＝1あまり0.5

さらに余りの0.5㎝で3㎝をわります。

3÷0.5＝6

わり切れました。

「あまり3」は「0.5」を単位とした場合は「6」となります。0.5の20倍は10になります。今日、皆さんが確認した操作と一致します。つまり、あの子どもの計測は正しかったということが証明されました。

皆さんも帰り道にポストを探して測って確かめてみてはどうでしょうか。

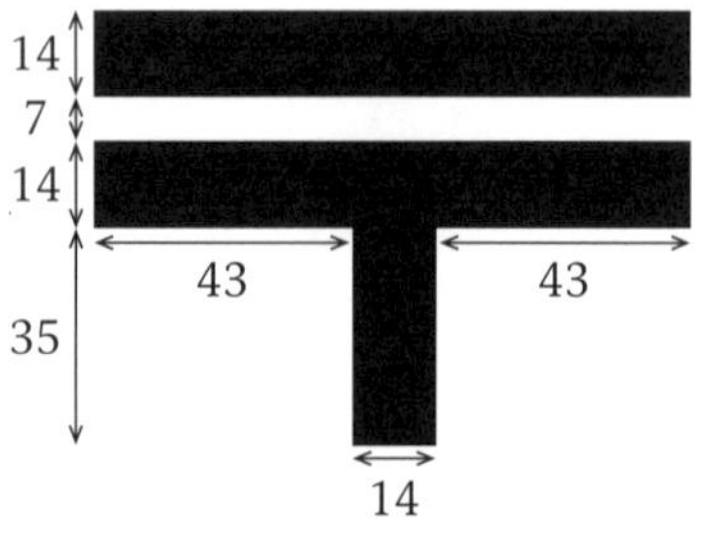

（出典：公益財団法人日本郵趣協会@ kitteclub）

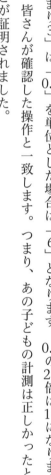

泰安洋講《たいあんようこう》⑤

子どもの手の中にある本質を知悉する

若い頃に柳瀬修先生から教わった事例です。

子どもに 2 色に塗り分けた 1 本のテープ図(1)を渡して様子を見ていると、色のついた b を単位に a を折りたたみ始めます。すると、図(2)のように「はした c」が出ます。

次に図(3)のように、c を単位に b を折りたたみます。今度は「はした d」が出ます。さらに図(4)のように d を単位に c を折ると、d が 2 つ分となり、はしたは出ません。これで、ぴたりと折り終えることができました。この時、a は d の 14 倍、b は d の 3 倍の大きさになっています。

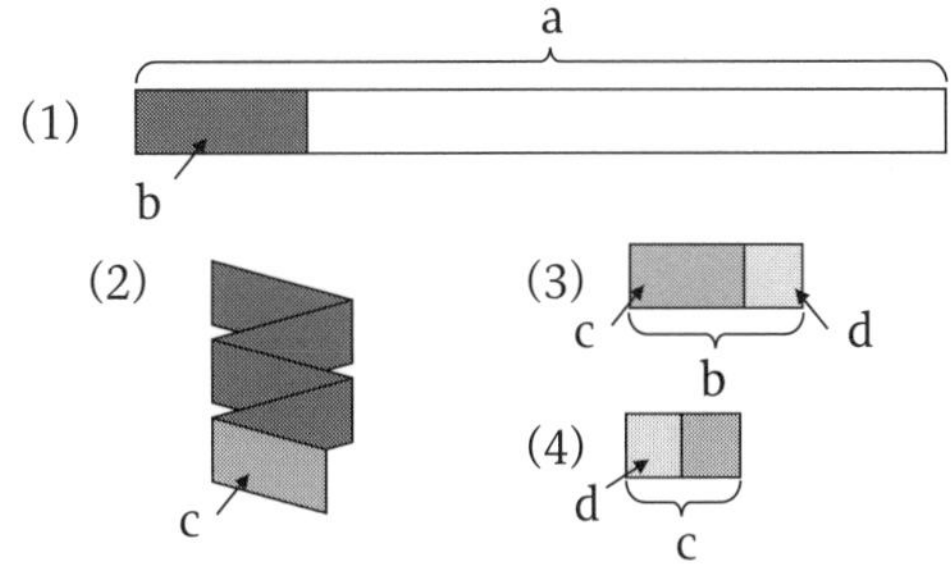

この操作を式で表すと次の通りです。

a÷b＝4 あまり c

b÷c＝1 あまり d

c÷d＝2

除数を余りで次々とわっていくと最大公約数を求めることができます。ユークリッドの互除法です。

「子どもたちの手作業をよく観察するといい。教材の本質や算数指導の在り方が見えてくるから」。修先生の口ぐせでした。郵便ポストのマークを教材化するに当たり、この言葉がしきりに頭をよぎりました。

6 学びの文脈づくりと教材提示の技術

1．朱線・朱書きから学ぶ

1981年。初任校で出会った校長先生から、ブルーナーの「教育の過程」（岩波書店）を譲り受けました。ずいぶんと読み込まれた本で、あちこちに朱が入り、メモ書きがありましたが、この書き込みが不勉強な私にとっては、難解な本書を読み進める道標になりました。「なぜ、先生はここに朱書きをされたのだろうか」。朱書きの数だけ立ち止まり考えました。

この本の15頁5、6行目に朱線が引かれています。

はじめの学習があとの学習を容易にしようとするならば、はじめに出会ったものとあとに出会ったものの関係ができるだけ明らかになる概観図を提供するものでなければならない。

その脇には「学習の構造」「学習の転移」と書かれた先生のメモが残っています。あれから40年、改めて読んでみると、とても興味深い一文です。

平成19年度の全国学力・学習状況調査に2つの平行四辺形の面積に関する問題があります。(ア)の問題の正答率は96%でした。これに対して、(イ)の問題の正答率は18%でした。

(ア)

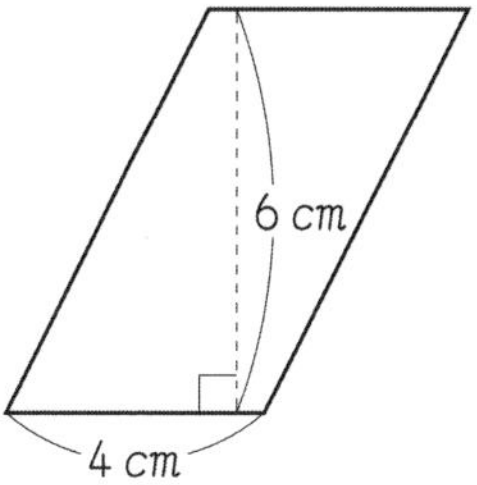

(イ)

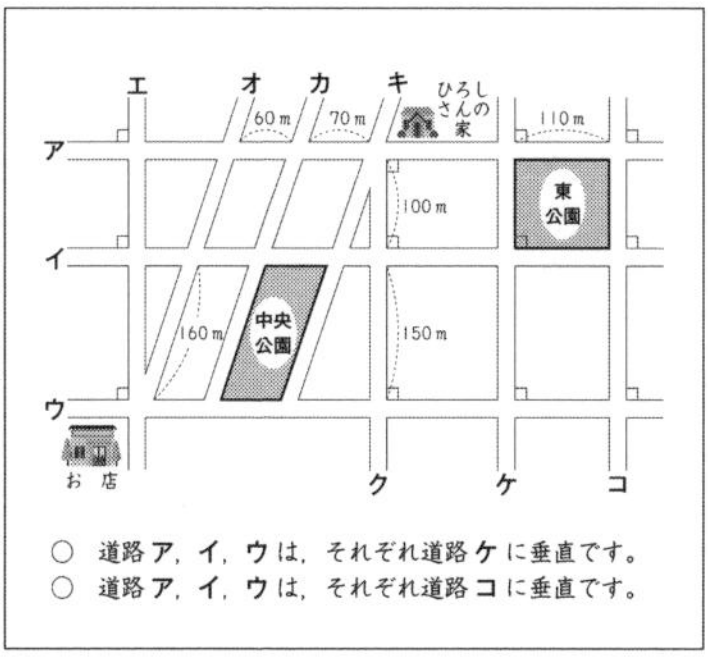

この結果の乖離は、「はじめに出会ったもの」、つまり、はじめに教わった基礎・基本の知識と、「あとに出会ったもの」、すなわち、異なる文脈で生じた問題との関係を明らかにできていない、ということが推察できます。学習の構造と学習の転移について考える良い事例と言えます。

例えば、このように「面積の求め方を考えよう」（図1）と提示したとします。子どもたちは「なぜ面積を求めることが問題となるのか」を了解していません。しかし、多くの教室では、子どもたちは問題の解決に向かう文脈を了解しないまま、教師の指示で、も⃝（問題を提示）→め⃝（めあての設定）→じ⃝（自力での解決）→ま⃝（学習のまとめ）などのカードが提示され学習は進んで行きます。

このようにして手に入れた知識は、実感を伴う理解とは遠く、その知識は生きて働きにくいという結果が先のB問題の正答率から考えることができます。奈須正裕先生は、「どのような状況で学ぶかが学び取られた知識の質を大きく左右するのであり、すると授業づくりのポイントは文脈づくり、状

問題　面積の求め方を考えよう。

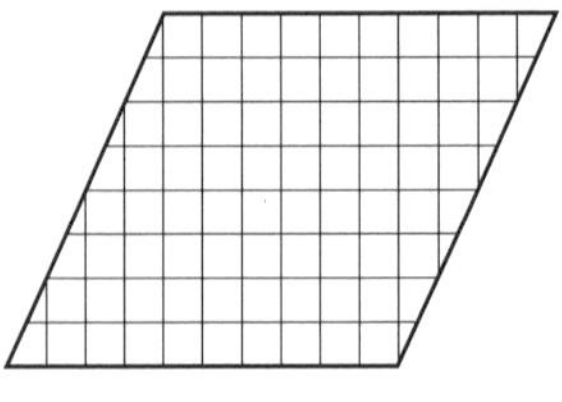

（図1）

況づくりにあると言っても過言でない」と話されています。また、算数に特化して、「(算数の問題は) 問題状況から数理的表現へと至る段階が重要で本質的なのだが従来の授業はそこを不当にスキップしてきた」と指摘しています。

2．学びの文脈づくり

では、どのような教材で、どのように展開すれば、学びの文脈がある授業になるのでしょうか。

1つの事例から考えてみましょう。

はじめに指導者は、長方形と平行四辺形の2つの図形を提示しました（図2）。そして、「長方形と平行四辺形、どちらの面積が広いでしょう」と問います。

全員が「長方形」と答えます。

「では、みんなが納得するもっとも簡単な方法で確かめて下さい」

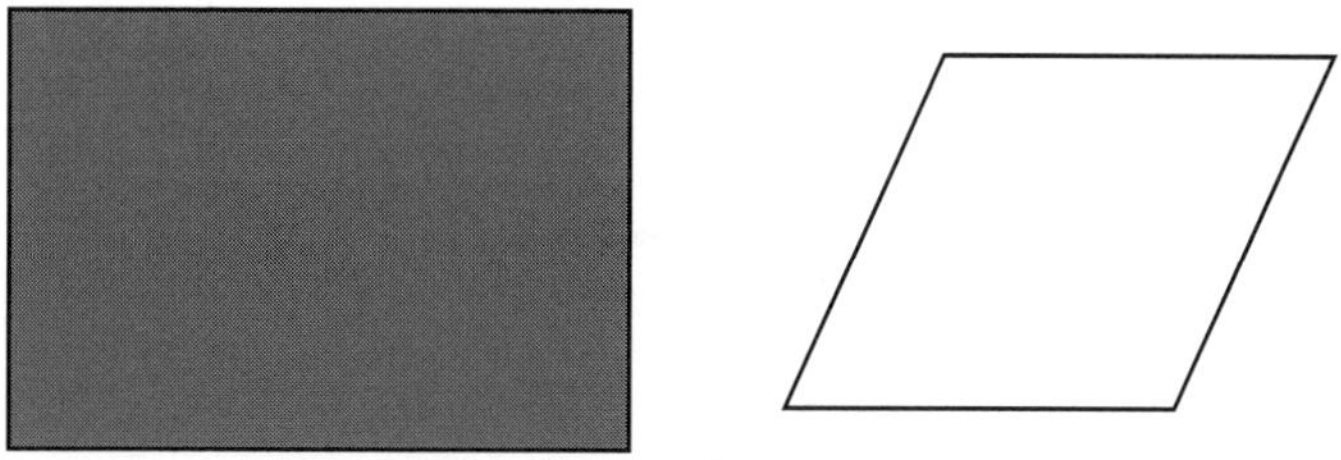

（図2）

と伝えると、子どもたちは（図3）小さい平行四辺形を、大きい長方形の上に移動して重ねて確かめます。

こういう比較の方法を「直接比較」と言います。1年生の「ひろさくらべ」の時に行った経験のある比べ方です。

次に指導者は、この図に次のような問題文を書きます。

> このとき、平行四辺形と平行四辺形の周りの部分は、どちらが広いかな？

皆さんにも同じことを聞いてみたいのですが、どうですか。平行四辺形だと思う人はグー、その周囲の面積だと思う人はチョキを上げて下さい。

学生　24人（平行四辺形の面積）

学生　20人（平行四辺形の周囲の面積）

なるほど、みごとに2つに分かれましたね。実際の授業でも、はじめは2つに分かれました。ところが、目を皿のようにして図を見ていた一人の子どもが、「先生、変えてもいいですか」と言います。「どっ

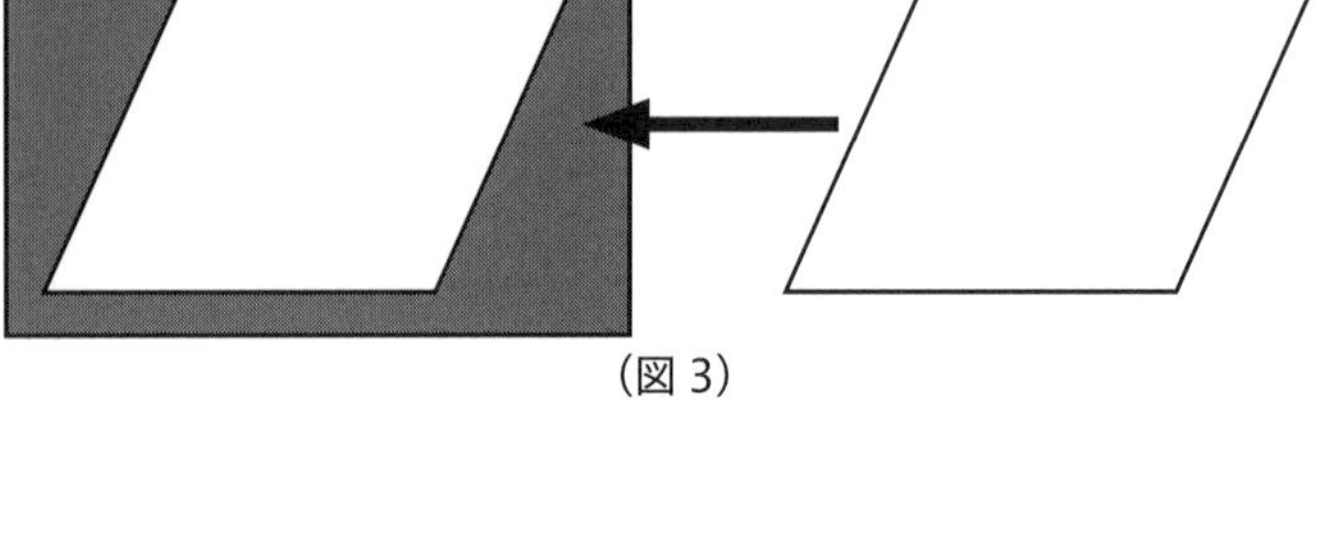

（図3）

ち？」と聞くと、彼は、「同じに、です」と言い出しました。教室に小さなどよめきが響きます。結局、教室の子どもたちの判断は3つに分化しました。

学びの文脈づくりの条件として、このように判断が「分化」したり、「対立」したりする仕掛けを上げることができます。この状態になれば、「どちらが広いか、はっきりさせよう」という学習の目的、学びの文脈がつくれたことになります。

3．知っていることはそのまま使えるか

ここで子どもから、「長方形の辺の長さを教えてもらえますか？」と声が上がりました。指導者は「それがわかったら、何ができるのかな」と問い返します。子どもたちからは口々に「面積を求める」「長方形から平行四辺形を引き、平行四辺形の面積と比べる」と解決の手順が語られます。

そこで「長方形」の縦と横の辺の長さを「10㎝」「16㎝」と板書すると、すぐさま、「160㎠だ」という声が聞こえます。

続いて、「平行四辺形」の面積が話題になります。しかし、平行四辺形の求積方法は未

習です。子どもにとっては、この未習の方法を明らかにすることが、「めあて」となり、子どものめあては、授業において教師のねらいとなります。

指導者は、子どもたちに「この平行四辺形は、どこの長さを知りたいのかな？」と聞きます。「辺の長さ」と言う声が聞こえます。指導者は、「では、ノートを開いて下さい」と指示し、全員がノートを開いたことを確認すると「平行四辺形のどこの長さを知りたいかを書いて下さい」とはっきりとした声で指示を出しました。

指導者は机間を巡り歩き、19名中10名の児童が図4のように、「2辺の長さを知りたい」と記述していることを確認しました。

これを取り上げて、「では、知りたい2本の辺の長さを実際に測ってみましょう」と平行四辺形を手渡しました。

子どもたちの手によって、向かい合うそれぞれの辺が「10㎝」と「9㎝」（註）と実測されるのを待ち、「これで平行四辺形の面積が求められそうかな？」と問うと、すぐさま、「$9 \times 10 = 90cm^2$」と言う声が聞こえました。

とても自然な考え方です。知っていることを使おうとしている

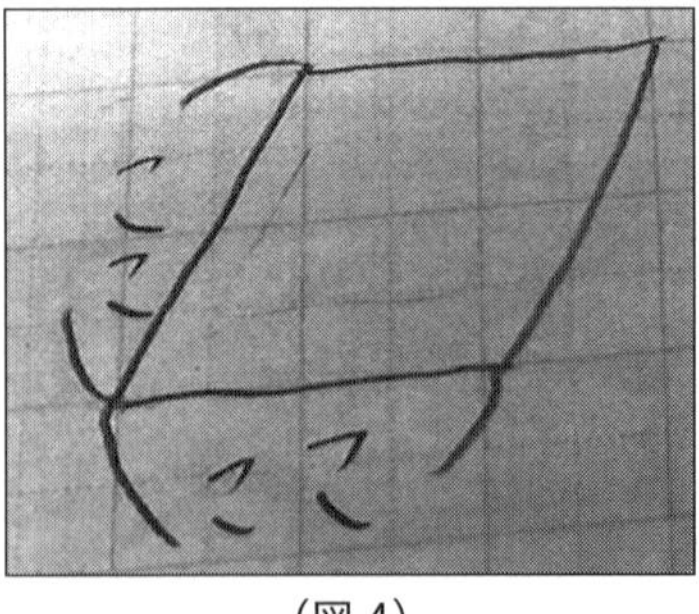

（図4）

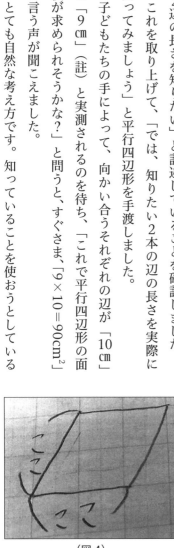

態度も望ましいものです。しかし、知っていることがそのまま使えるとは限りません。

4．子どもは白紙ではない

その時です。「それは違います！」と児童C君が大きな声を上げました。指導者はゆっくりと、「C君は『90㎠』が違うって思うんだ」と受け止めます。C君は「はい」とはっきり答えます。指導者は続けて、「なるほど。でも、『90㎠』と言った友達の気持ちは理解できないかな？」と問い返します。「できます。でも、違います」と先ほどよりも態度が柔らかくなりました。「90㎠は理解できる。でも、違うんだね」と再び受け止めます。C君はうなずきます。

そのやり取りを聞いていたBさんが、「私は90㎠だと思います。でも、もしかしたら違うかもしれません。だって私は、まだ平行四辺形の公式を知らないから」と自分の状況を表現します。

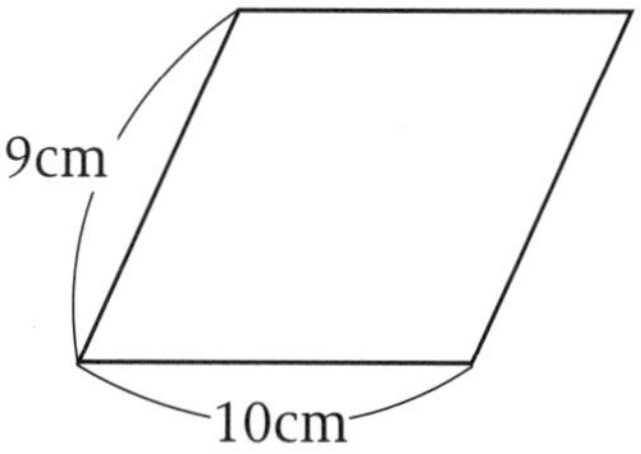

（註）子どもが実測すると 9cm となるが、
計算上では、$\sqrt{80}=8.94427\cdots$である。

教室では、「まだ、習っていないことは言わないように」と強く念を押されていることがあります。しかし、子どもは白紙ではありません。学校以外で学んでいることはたくさんあります。知っているけど知らないふりをしたり、うっかり口走らないようにしたりして授業を受けた、そんな経験をした人もいるのではないでしょうか。

進んでいる子どもの知識を受け止め、一方で、困惑する子どもの考えを巻き込みながら、両者を生かし合う授業を行う。日々の授業の中に起きる当たり前のことですが、この対応がなかなかどうして難しいのです。

5．豊かな見方

指導者はこの後、2つの教具（図5）を子どもに配布します。

右は工作用紙でつくった平行四辺形（10cm×8cm）、左は黒板に提示した図2と同様のペーパーです。

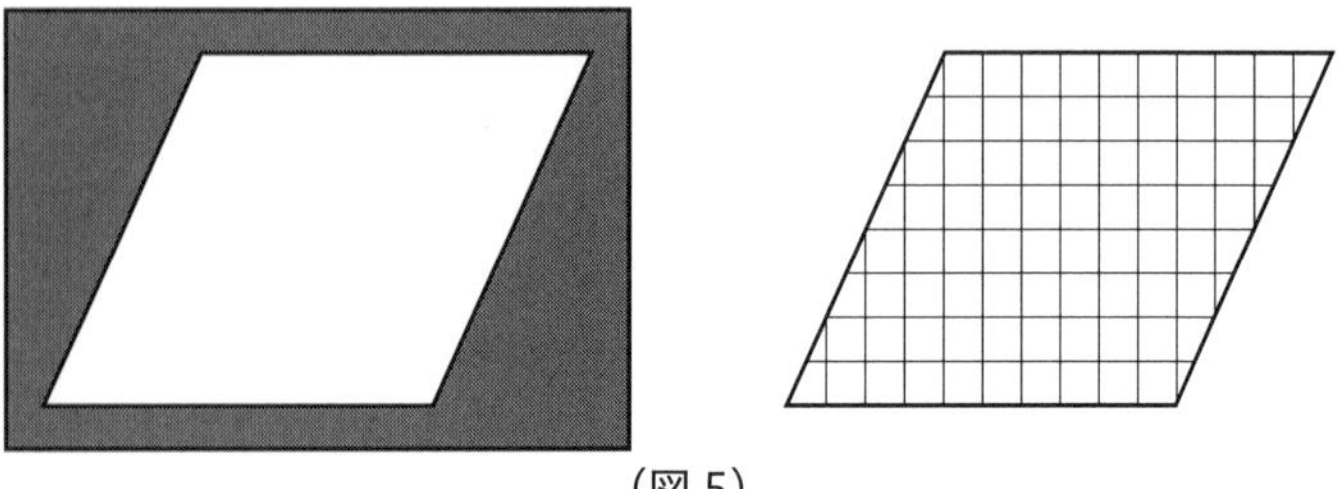

（図 5）

子どもたちは4年生までに長方形や正方形で構成された複合面積を求める学習をしています。それらの経験を踏まえて、平行四辺形を分割したり等積変形したりして求積について考えます。ここでの操作活動は約15分間。子どもたちははさみやテープを使い操作活動をしたり、操作活動後の説明の準備をしたりしました。

では、子どもの見方・考え方を見ていきましょう。ここでは指導者が取り上げた4つの考えを紹介します。

（1）目的に合った特殊な直接比較をしたA君

A君は、平行四辺形内にある2つの直角三角形（4cm×8cm÷2）に着目し、これを切り離し、残った8cm×6cmの長方形を縦に6つの細長い長方形（8cm×1cm）に分割しました（図6）。次に、各パーツを平行四辺形の周囲の部分に重ねて（図7）、「これで同じ広さだと分かります」と結論付けました。

分割して重ねて比べる、直接比較のアイデアです。この操作から平行四辺形の公式を一般化することは難しいですが、「どちらが広

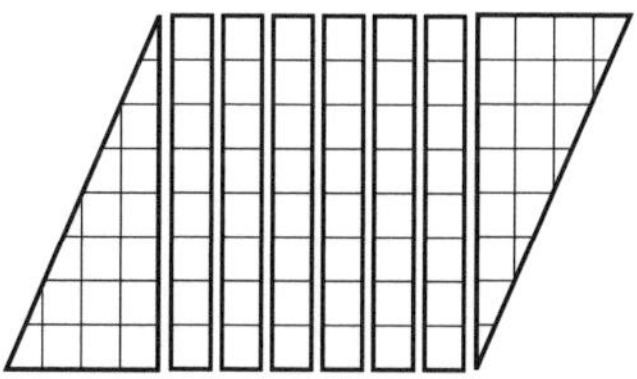

（図6）

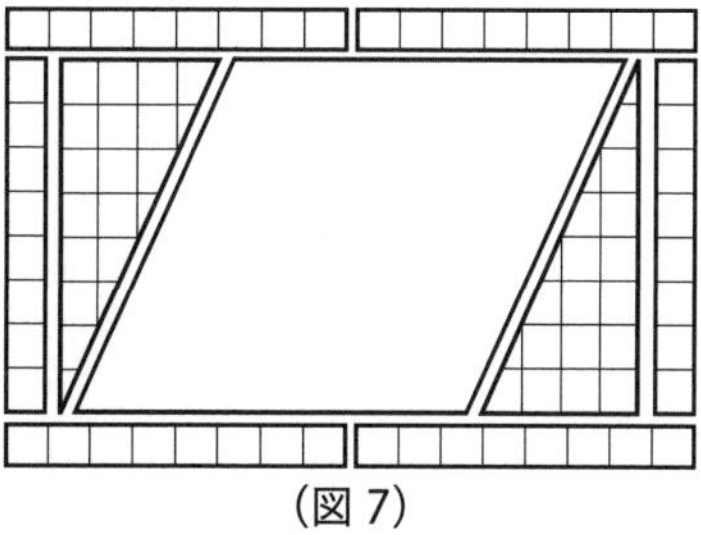

（図7）

いか」という問題の文脈に沿った子どもらしい真っすぐな解決となっています。

（2）2つの見方を組み合わせたBさん

Bさんは、「私は90㎠だと思う。でも、もしかしたら違うかもしれない。だって私たち、まだ平行四辺形の公式を知らないから」と語った子どもです。

まず、平行四辺形の内部の直角三角形に着目し、その部分を切り取って移動し、8cm×10cmの長方形に変形しました。次にその長方形を図8のように重ねてみたところ大きさの判断ができなかったので、90°回転させて、10cm×8cmの縦向き（図9）に変えました。すると、10cm×8cmの長方形が2つ分で10cm×16cmの長方形になることに気付きました。

この気付きから、「平行四辺形は長方形の半分。だから、平行四辺形と周囲の部分は同じ」という結論を出しています。操作と知識を組み合わせた見方・考え方で、実にうまく説明しています。

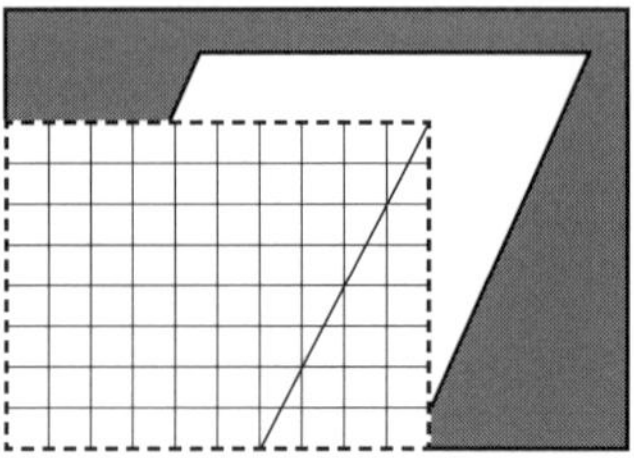
（図8）

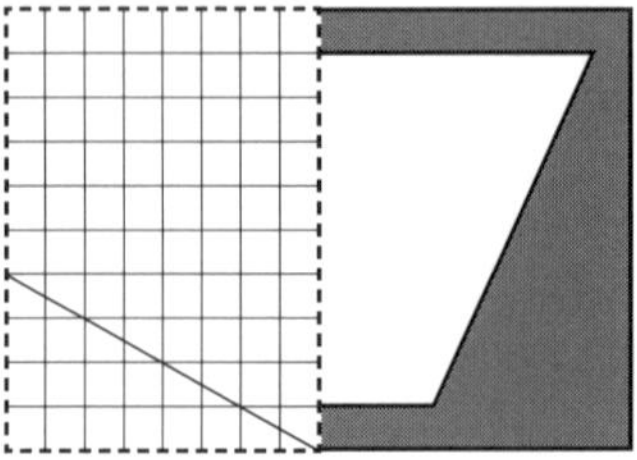
（図9）

（3）知識の転移が適切に行われなかったC君

C君は、「9×10＝90cm²」の答えに対して、「それは違います」と明言した子どもです。彼は、平行四辺形、三角形、台形の求積公式を既に知っていました。

指名されると図10を掲示して語りはじめました。

「まず、ここを切って、こっちに持ってきて長方形にします。切ったこの部分の三角形は、底辺が4㎝、高さが8㎝で4×8÷2＝16cm²です」。

この教室では、三角形の求積は未習内容です。そこで指導者は、「三角形の面積の求め方はクラスのみんなが知っていることですか?」と声をかけると、C君は「習っていなくても三角形の面積は分かります」と言って、「この三角形は、この4×8の長方形の半分。だから16㎠です」と指で長方形を示し、次のように続けました。

「で、次にこっちの台形を足します。台形の面積は、えー……」と、今度は台形の求積方法を説明する事態になってしまいました。

ここまで話すとC君は自分が意図した説明と全く違うものになっていることに気付き、口を閉ざしてしまいました。もはやC君には目の前の形が、「三角形」と「台形」の複合

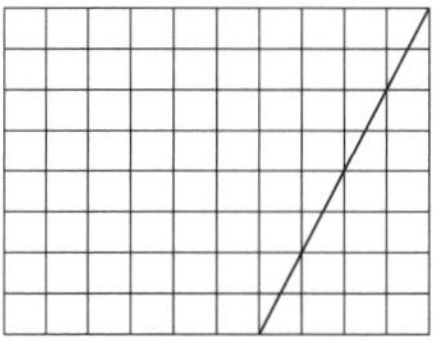

（図10）

図形にしか見えなくなっていました。

当初、C君は、等積変形のアイデアを用いて、「平行四辺形は、8×10の長方形と同じである」と説明するつもりでした。しかし、説明を始めると保持していた複数の知識がバラバラに働き、長方形の中に「三角形」と「台形」が見えてしまったわけです。結果、意図しない説明となってしまいました。知識が適切に転移しなかった一例だと言えます。

6. 真正な学び

最後の発表者のDさんです。授業の前半で、平行四辺形の2辺を10㎝と9㎝と実測した後に、「9cm×10cm＝90cm²」と声を上げた子どもです。

この教材を通して「教えたいことは何か」ということは、このDさんの姿に凝縮されています。

Dさんは、平行四辺形内にある2つの直角三角形（4cm×8cm÷2）を切り取り、組み合わせて、8cm×4cmの長方形（図11）を作りました。そして、8cm×6cmの長方形と合わせて「32cm²＋48cm²＝80cm²」

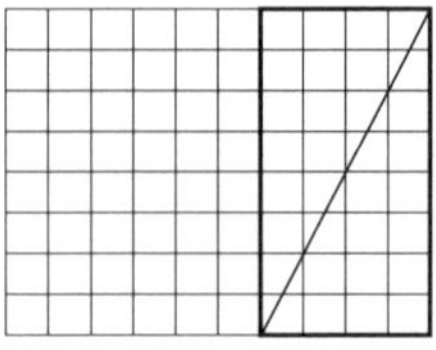

（図11）

という結論に至っています。

当初、「90cm²」と考えていたDさんにとってはこの結論は大いにふり返る価値があります。

そこで指導者は、Dさんの操作の手順を全体と確認しながら式に置き換えて、当初の考え「9cm×10cm」の式と比較しました。

$$8\times4+8\times6=8\times(4+6)=\underline{8\times10}\Leftrightarrow\underline{9\times10}$$

具体的な操作活動を式表現に置き換えることによって、平行四辺形の求積は「一辺×一辺ではない」ことの意味理解が確かなものとなると言えます。

子どもに、すべての教科の膨大な内容の完全習得を要求することは不可能です。子どもたちには知るべき基礎となるものを教え、学習によって得られた知識が問題解決過程において、未知のものへ転移する経験を積み重ねていくことが大切だと思います。

冒頭に紹介したブルーナーの「構造」「転移」の研究は、平成29年度告示の学習指導要領を深く読み解く鍵になります。在学中に、ぜひ一度手に取って読んでみて下さい。

泰安洋講《たいあんようこう》⑥

若い教師の背中を押す言葉

本節の冒頭にも触れましたが、初任のとき、高橋壮之校長先生に譲り受けたブルーナーの「教育の過程」が昨今、リバイバルとなっています。その本には今も１枚の便箋が挟まれています。「先生のように春秋に富んでいる時に理論と実践の武装を」と書付けられてあります。

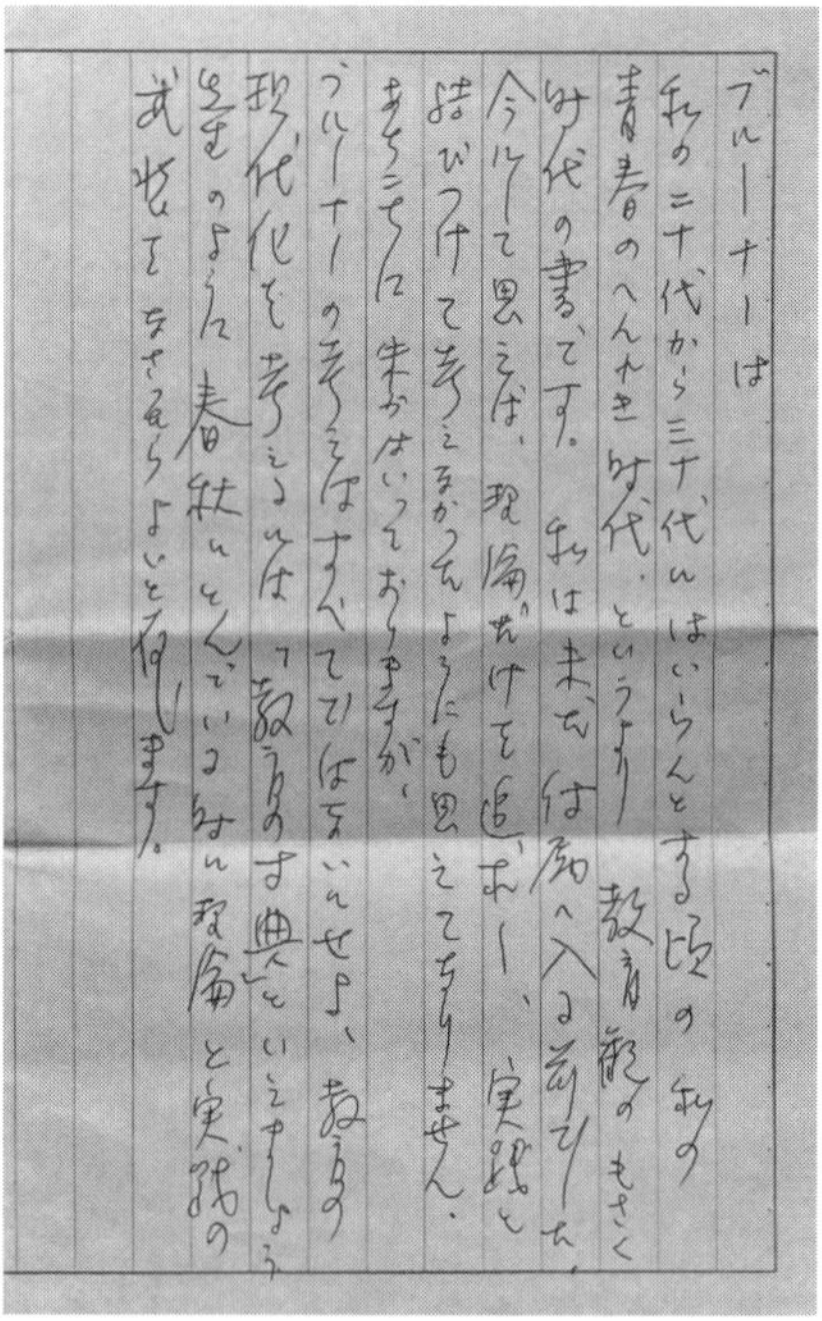
ブルーナーは
私の二十代から三十代にはいらんとする頃の私の
青春のへんれき時代、というより教育観のもさく
時代の書です。私は未だ付属へ入る前でした、
今にして思えば、理論だけを追わずに、実践と
結びつけて考えるべきだったようにも思えてなりません。
ま[illegible]では未かいでおりますが、
ブルーナーの考えはすべてではないにせよ、教育の
現代化を考える時は「教育の古典」といえましょう
先生のように春秋に富んでいる時に理論と実践の
武装をなさるとよいと存じます。

道徳教育に造詣が深く、豊かな教育観を有され、若い教師の成長を願う校長先生でした。未来に向けて幾度も力強く背中を押してもらいました。あれから 40 年の春秋を経ましたが、１枚の便箋と一冊の本を目の前にし、理論と実践で後進に教え伝えられる教師で在り続けなくてはならないと思います。

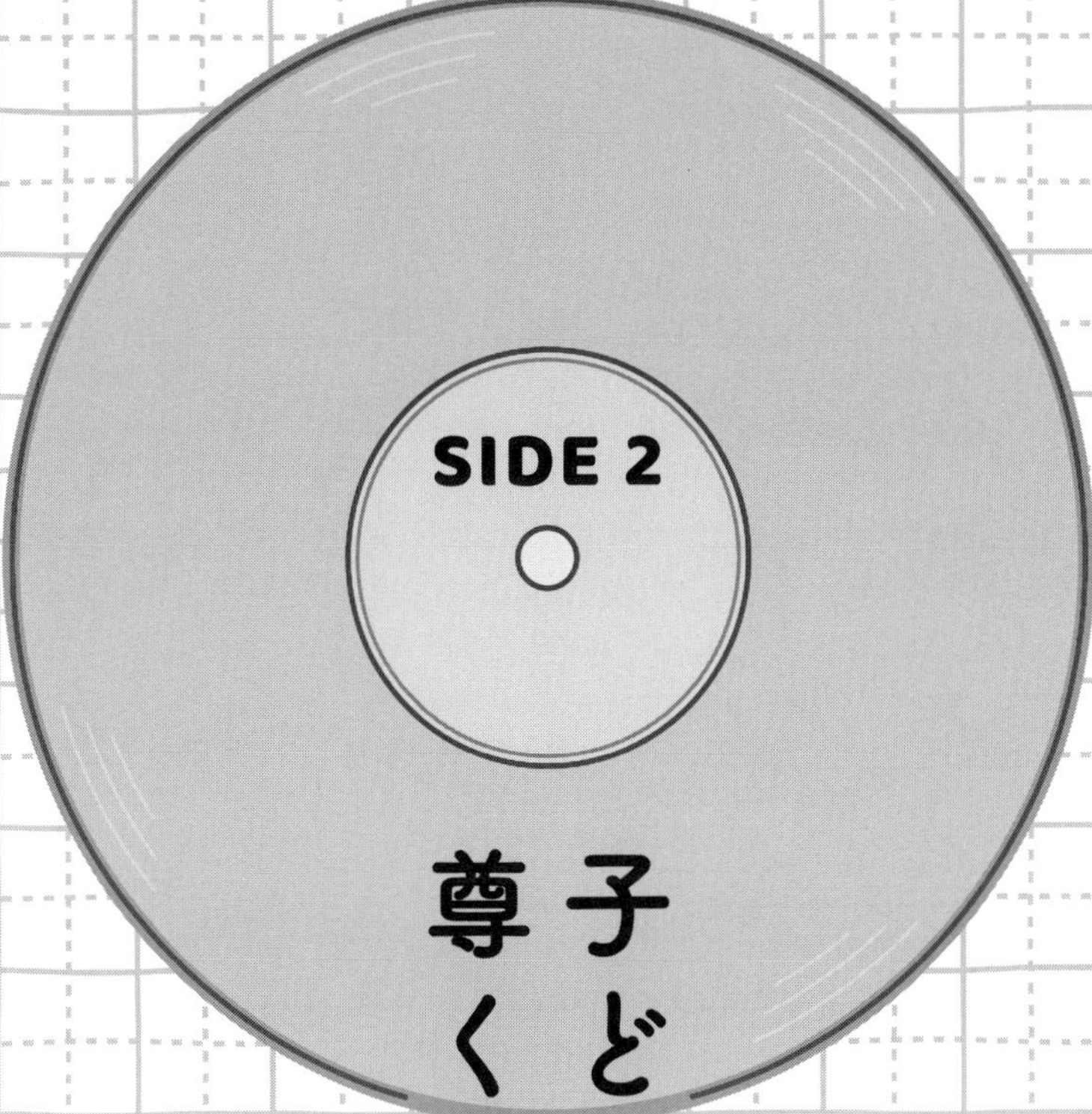

子どもを尊く発見する

「図形」の授業記録より

1 概念の形成と教材の仕組み

1. 高さの指導

問題（ア）は、令和3年度の全国学力・学習状況調査の問題です。

（ア）

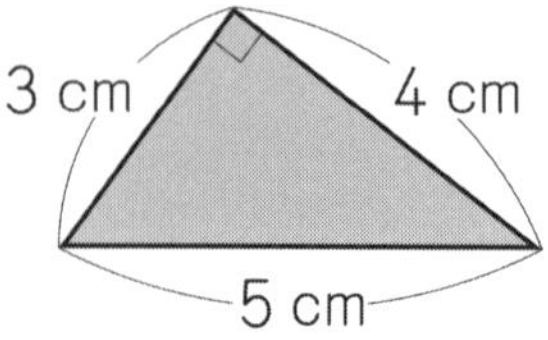

（イ）

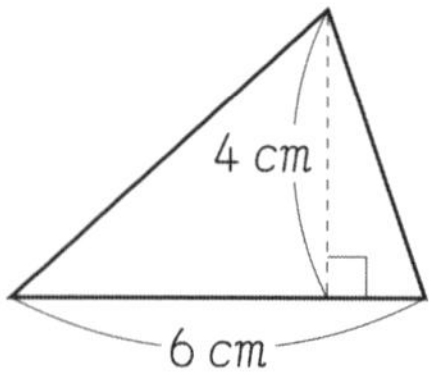

問題（ア）の正答率は「55.4%」でした。この数字だけ聞いても何が課題なのかが見えてこないので、平成19年の調査問題(イ)と比較してみましょう。こちらの正答率は「89.5%」です。

基礎基本の習得が大事だといいます。（イ）はまさに基礎基本の問題です。しかし、基礎基本の問題ができればその応用もできる、というのはどうやら過信のようです。

（ア）の誤答は2つに大別できます。

まず、3辺の数値をすべて使って答えているものです。「3×4×5÷2」や「3×4×5」です。必要な情報が選べないだけでなく、「高さ」と「面積」の関係性を捉える見方ができていません。こうした小学校6年生の子どもが20.1%、全国に約22万人いました。

また、「底辺は5㎝である」という固定的な見方で、「5×3÷2」「5×4÷2」、あるいは「5×3」「5×4」と答えた6年生が全体の8.8%、約8万8千人にもなります。この子どもたちは、水平に置かれた5㎝だけを「底辺」であると頑なに思い込んでいます。そして、斜辺の3㎝か4㎝を強引に「高さ」として計算しています。

そもそも、子どもたちは「高さ」をどのように捉えているのでしょうか。

「東京タワーは333m」「東京スカイツリーは634m」（図1）など、子どもたちの高さの概念は鉛直方向に1つです。1つの対象に「高さは1つだけ」です。これこそが子どもたちが日常生活で獲得した高さの概念です。

しかし、図形学習ではこの1対1の概念を、辺に対して垂直に存在する高さが複数存在することを発見的に捉えていきます。つまり、子どもがそれまでもっていた高さの概念を広げるということです。

（図1）令和2年度版
みんなと学ぶ　小学校算数3年上
（学校図書）

「どっちが高い」という比較は日常で行っている行為ですが、小学校算数では一体、いつ、「高さ」を学ぶのでしょうか。

第2学年では、「直角」に着目して図形を認識する学習をします。直角三角形は、「直角をもった図形」として長方形や正方形と一緒に登場します。直角を認識させるために直角三角形を様々に回転させた状態で見ますが、高さには触れません。第3学年では、「辺の長さ」や「角の大きさ」に着目して二等辺三角形や正三角形、直角二等辺三角形を学びます。作図も行いますが、高さに着目させる指導はありません。

第4学年では垂直と平行を学びます。平行を「1つの直線に垂直な2つの直線」と定義するためには「垂直」の概念が必要なのでここで一緒に学びます。その後、平行四辺形、台形、ひし形を学びます。「平行」の観点から図形の相互関係も捉えます。さらに、図形を数量的に捉える面積の学習をします。単位面積を数えるときには乗法が効率的で、1つの辺を基準にして「たて」「よこ」として、「たて×よこ」と「公式」をつくる学習をします。

5年生では三角形、平行四辺形などの面積を学習します。ここで「高さ」が登場します。「底辺×高さ」「底辺×高さ÷2」と公式に一般化するために必要な概念となります。「高さ」は、どれか1つの「辺」を基準にし、その辺を「底辺」としたとき、その底辺と

右の三角形で，辺BCを底辺としたとき，辺BCに向かい合った頂点《ちょうてん》Aから辺BCに垂直《すいちょく》に引いた直線ADの長さを，底辺BCに対する高さといいます。

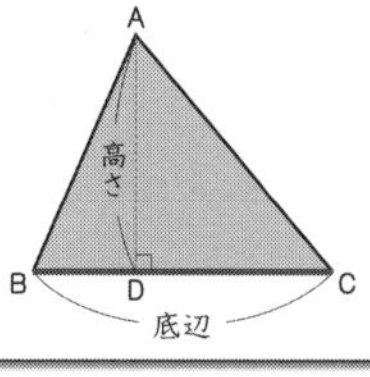

（図2）令和2年度版　みんなと学ぶ　小学校算数5年下（学校図書）

向かい合う頂点から垂直な直線を引いた長さなので、1つではありません。

　はじめに紹介した令和3年度の全国学力・学習状況調査の結果を見ると、どうやら、ここまでの学習がうまくいっていないようです。

　もう1問、見てみましょう。平成23年度の全国学力・学習状況調査の問題です。

　この年の調査は、東日本大震災の影響で希望調査となりましたが、大阪市では悉皆調査を実施しています。結果、301校19852人の6年生の正答率が65.8%と報告されています。大阪市では平成19年度の問題(イ)の正答率が95.5%となっているので、この結果の乖離は大きく、「高さ」の概念形成の課題は、三角形のみならず、平行四辺形にも及んでいるようです。図に示された7㎝に対して垂直にある3㎝という数値を「高さ」と

(ウ)

下の平行四辺形の面積を求める式と答えを書きましょう。

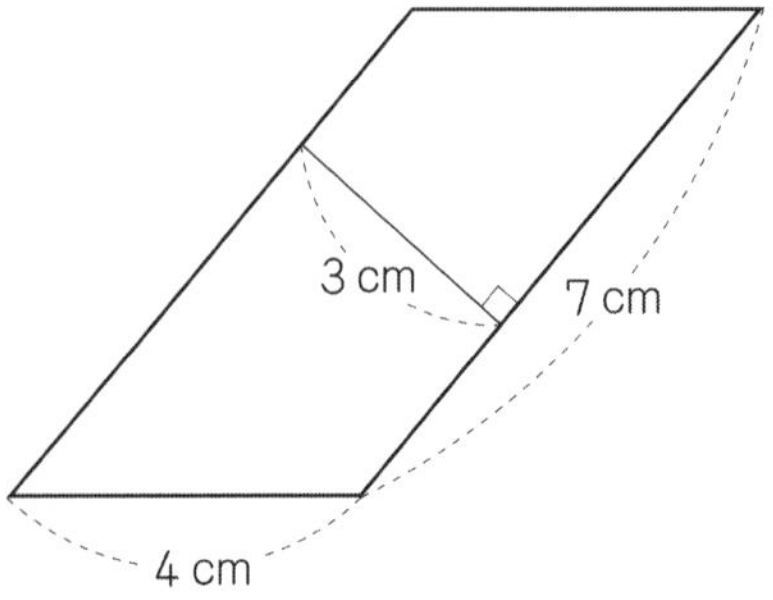

すら見ようとしていない子どもが多くいることが推察されます。

2．教科書を離れて

今日は、小学校で使用している教科書を離れて、皆さんと一緒に、「高さ」の概念形成の指導について考えてみたいと思います。使用する教材はちょっと特殊ですが、教科書を使った指導の成果もあまり芳しくないので、仮想授業にチャレンジしてみましょう。

まず、スライドを見て下さい。トイレットペーパーの芯（図3）です。よく見ると、芯は紙が螺旋状に巻かれています。製造するときにそのほうが都合がいいからです。

（図3）

では、この芯にある螺旋状の線、この線に沿って切り開くとどんな形が表れてくるでしょうか？

イメージをノートに書いて画像をチャットにアップして下さい。みんなで共有しましょう。

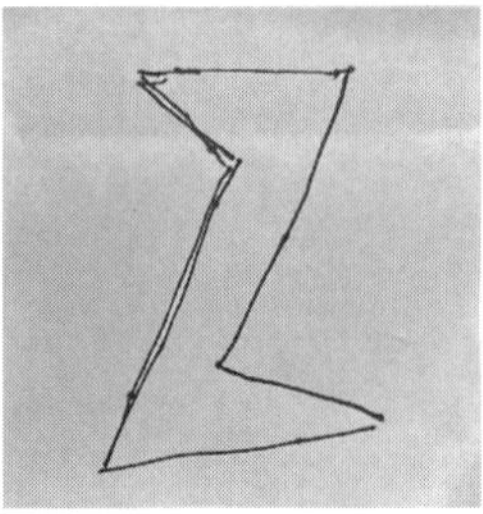

学生D

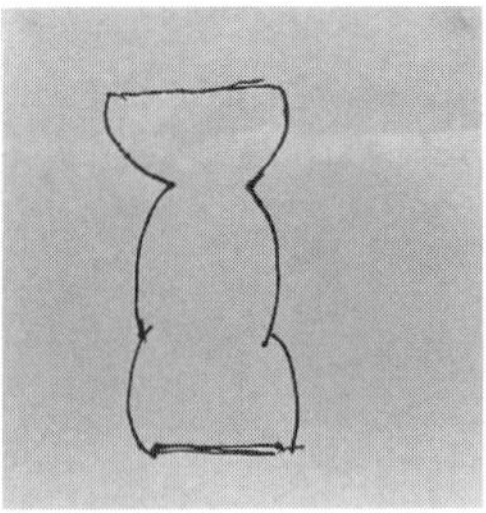

学生E

学生F

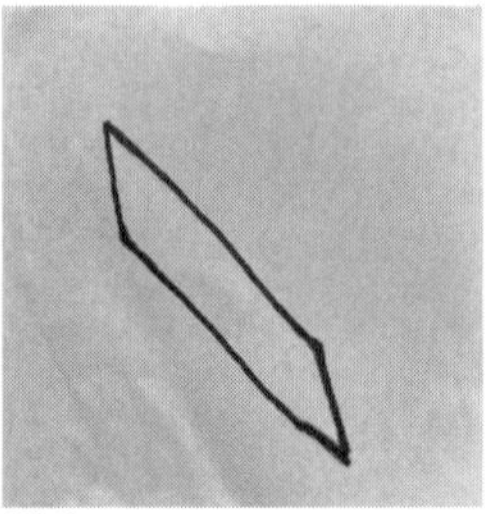

学生H

ずいぶん苦労していましたね。どこが難しかったですか？

学生D「螺旋が後ろに回るとどうなるのか分からなくなりました」

学生E「私も同じです。曲線になるんだろうなと思いました」

学生F「切る線は一本だから2つに離れると思いました」

学生Ｈ「僕は子どもの頃、床屋さんのグルグルマークみたいなのを切ったこと思い出して描いてみました」

実際の教室にも様々な子どもがいて、きっと色々なイメージが描かれることでしょう。正解を知ることより、人によって色んな世界が見えるんだな、って知ることに価値がある場面ですね。

3．困り具合を受け止めた発問

大学生でもこんなにイメージしにくいのですから、子どもたちも悩むでしょう。そういう時には、どのように助言するとよいでしょうか。「よく考えてみましょう」ではうまくないですね。例えば、「みんな、グルっと回る螺旋に困っているんだね」と子どもたちの困り具合を代弁して、こんな風に聞いてみたらどうでしょうか。

じゃあ、どんな風に切ればイメージできるかな？

分からないことを正面から問うのではなく、視点を変えてあげる方が効果的です。こう聞いてあげると一度停滞していた思考が再び動き始めます。おそらく子どもたちは、「線が縦なら、分かるんだけど」と言うでしょう。

皆さんも縦の線ならどうですか（図4）。

これを切って開いた形ならばイメージできますね。

学生全 （口々に）「長方形！」

そうですね。この逆の操作、長方形をくるくる巻いて円筒を作ることは小さいころよくやっています。

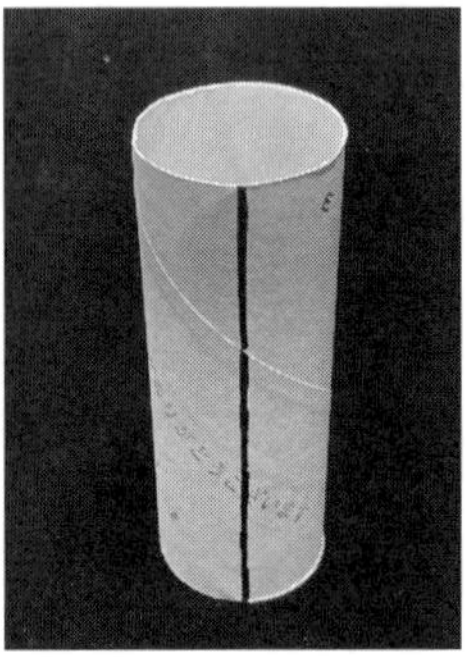

（図4）

4．構成要素の関係を考える

「縦に切ったら長方形になる」というイメージから、「斜めに切ったら平行四辺形になるのではないだろうか」と推論する子どもが表れることが期待できます。

ここまでイメージづくりをしたら、そろそろ実際に子どもの手で切らせてあげましょう。興味をもって切り開くことでしょう。

今、子どもたちの目の前にある図形は突如現れたものではなく、「円筒を切り開くとどうなるかな？」とイメージを働かせて関わった興味関心のある図形です。

この長方形（図5）と平行四辺形（図6）の2つの図形を子どもたちと眺めながら次のように発問してみたいと思います。

同じ円筒を切り開いたのだから、共通の部分がないかなぁ？

4年生くらいの子どもの気持ちで答えてみて下さい。

Hさん、どうですか。

学生H 「長方形の「たて」の長さと平行四辺形の「高さ」が共通です」

どうして、そこに共通点が見えたのですか？

学生H 「どちらも『筒の高さ』と同じだからです」

今、「筒の高さ」という言葉が使われましたね。いいですね。

4年生の時点では「高さ」という用語は学習していません。

しかし、ここでは、今、Hさんが説明してくれたように「円筒

（図5）

（図6）

の高さ」を平行四辺形の内部に置き換える説明であれば、「高さ」という言葉も概念も自然に出てきます。また、「高さ」という言葉を知らないと「平行四辺形」の内部の長さを説明しにくいです。図7のように共通の高さがa=b=cということが視覚的に理解できます。

　では、他に共通な部分はありませんか？

学生J「長方形の横の長さと、平行四辺形の底辺の長さが同じです」

　どうして、そこに共通点が見えたのですか？

学生J「円周の長さと同じだからです」

　筒の円周と対応するので、d=e=fとなるということですね。辺fを「底辺」（図8）

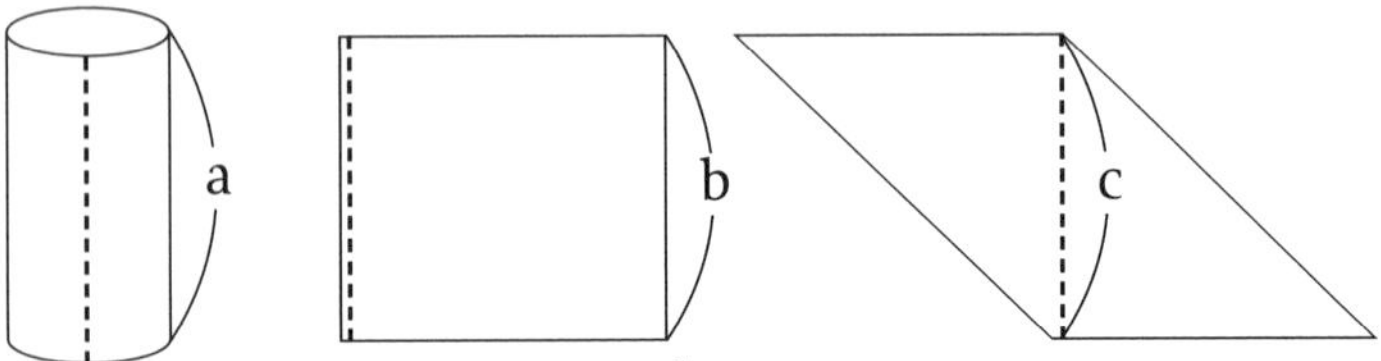

a=b=c

（図7）

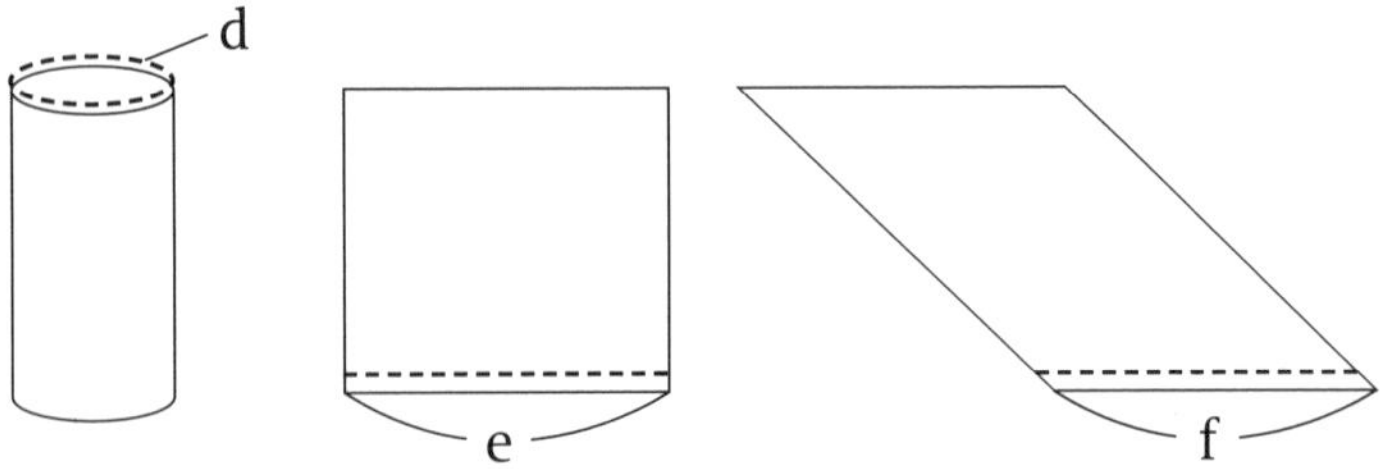

d=e=f

（図8）

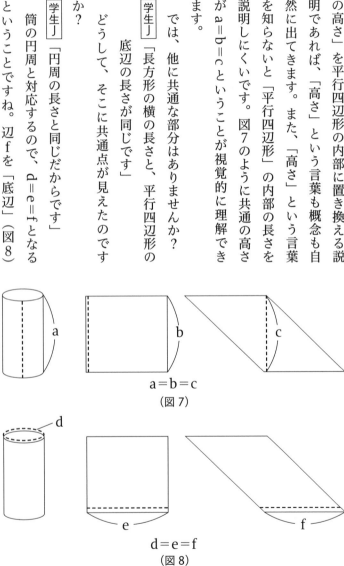

と呼ぶことを教えるいいタイミングです。

ここまで、2つの共通要素を見つけながら、「必要な用語」を教えることができました。

5．構成要素と面積の関係について考える

では、続きを考察するために、シンプルに発問してみましょう。

共通なところは他には、もうないかな？

子どもには「面積は同じかな？」と言ってほしいところですね（笑）。もし、子どもから出てこなければ、聞いてみましょう。

面積は同じかな？

中には「同じには見えない」「絶対、同じではない」と言い出す子どももいるはずです。長方形の「たて」と比べて、平行四辺形の「斜辺」は一見して分かるように長いです。実測では大体ですが長方形は縦11.5㎝、横12㎝で、平行四辺形は、斜辺16㎝、底辺12㎝です（図

9）。一辺×一辺で比べるなら、計算するまでもなく「平行四辺形の方が広い」と判断する子どもはいるでしょう。

しかし、平行四辺形の「高さ」に着目すれば、長方形と同じ「11.5cm×12cm」となり、「面積は同じと言えるかもしれない」と推論ができます。

この推論から、「斜辺と高さ、一体、どちらの構成要素が面積と関係があるのだろうか」という構成要素に焦点化した問題解決学習となります。

6．この教材の仕組み

教科書では、平行四辺形を長方形に等積変形した結果から構成要素を関連付けていますが、この場合は、先に構成要素が話題になります。この後は、どの構成要素が面積と関係あるのだろうか、という問いをもって、等積変形を行うことになります。

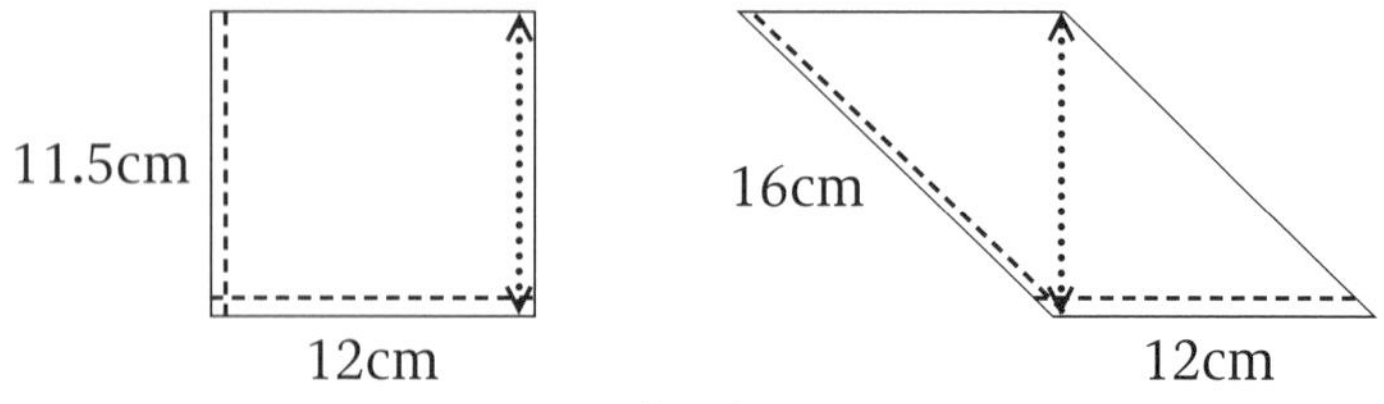

（図 9）

この教材の仕組みを整理してみましょう。

1つ目は「円筒」の登場です。子どもたちはこの時点において学習内容の中心となる「平行四辺形の面積」は全く予想できません。「事象を算数の舞台にのせる」という言葉がありました。「授業の文脈づくり」ということも学びました。この視点から、この円筒を切り開く活動はなかなかよいのではないかと思います。

2つ目は、2つの図形の構成要素を並列的に着目させていくところです。面積は図形を構成要素を用いて数量的に捉えるので、この教材の構成では、「構成要素」から「面積」へと視点を移動させていきます。また、その説明の過程で「底辺」「高さ」という用語を使う必然が生じています。通常は面積の公式をつくる段階で用語を教えます。

等積変形→構成要素

構成要素→等積変形

3つ目は、「同じものを切り開いたのだから面積は同じだろう」という仮説を立て、そのことを「図形の構成要素と関連付けて説明してみよう」という学習の目的が子どもの側から出てくるようにしたということです。帰納的に考えて仮説を立て、演繹的に説明していく学習態度の育成にもかかわる大事な部分だと思います。

さらに検討をしなければならない教材です。未完ですが可能性のある教材です。この検証は、次代を担う皆さんに委ねることとします。では、今日はここまでとします。

泰安洋講《たいあんようこう》⑦

でこぼこ道を子どもと歩く

２年生の子どもたちに画用紙で作った直角三角形を配り、「どうやって置いたとき、一番背の高い三角形になるかな」と聞いてみました。子どもたちは、三角形を回転させながら１つの直角三角形には「３つの高さがある」ことを発見的に捉えていました。

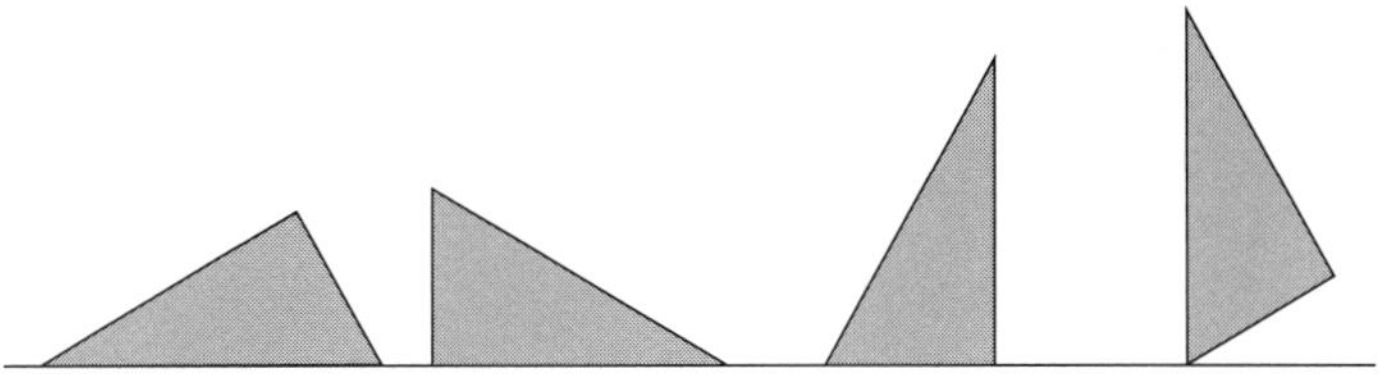

（ア）　（イ）　（ウ）　（エ）

その時です。「これが一番高いと思う」と言って G 君が（エ）を見せました。周囲からの第一声は、「それはずるい！」でした。多くの子が大きくうなずいています。私はとぼけて、「へぇ、この発見はすごいなぁ」と声をあげて感心してみせると、「先生はずるいと思わないの？」と K さんが不思議そうに聞いてきます。

子どもたちが口にしている「ずるい」とは、G 君自身を否定しているわけではありません。「それを高さと認めていいの？」という知的矛盾を表した言葉です。J 君が「高さはちゃんと地面についてないと比べられないでしょ」と言います。子どもたちは高さを比べる基準として「水平な状態に底辺を置いた三角形」の集合をつくっています。

「だから、G くんのは高さじゃなくて、長さなの」と Y さんが言います。なるほど、直角三角形は、（イ）や（ウ）のように辺の「長さ」を「高さ」と認めることができる特殊な三角形です。

「概念」とは、でこぼこ道を子どもが自ら歩く過程で形成されていくもの。教師も一緒に歩いてみましょう。

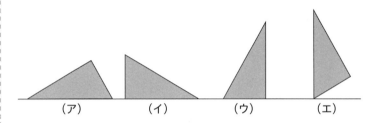

「数と計算（上学年）」の授業記録より

2 子どもの矛盾・困惑に誠実に向き合う

1.「できるけど、わからない」という矛盾

ある日の放課後、Kという子が帰り際に話しかけてきました。（スライド提示）

K「先生、おもいでぽろぽろ、見た？」
私「いや、まだ見てないよ」
K「私、ヤエ子と一緒なんだ」（主人公タエ子の姉）
私「ヤエ子？　どこが？」
K「できるけど、わからないところ」
私「……どういうこと？」

K「うーん……映画、見ればわかると思う」

こう言い残して、すーっと帰ってしまいました。

「できるけど、わからないところ」。

この意味深な言葉の真意を明らかにするために、私は仕事を早めに切り上げ、渋谷の映画館に行き、高畑勲監督の手掛けたジブリ作品「おもひでぽろぽろ」を鑑賞しました。27歳の主人公タエ子が「小学校5年生の自分」と向き合い、新たな生き方を見いだしていく、というストーリーです。

「映画、見ればわかると思うよ」としか言われていなかったので、どの場面を指しているのかを考えながらの鑑賞となりました。

映画がはじまり100分ほど経った頃、タエ子が分数のわり算の問題に困惑している場面がありました。

まちがいだらけのテストを見た姉ヤエ子は、「どうしてこんなことがわからないの」と詰め寄ります。タエ子は、「$\frac{2}{3} \div \frac{1}{4}$

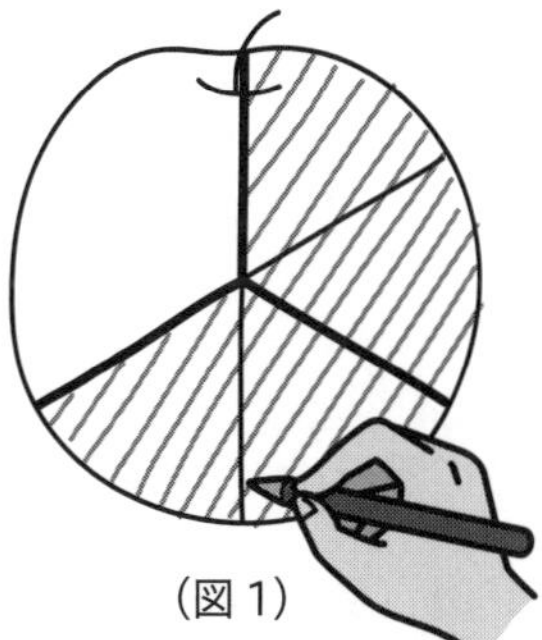

（図1）

って、例えば、りんごが2/3個あるでしょ。これを1/4でわるってことは4人で分けるっていうことでしょう」とりんごの絵を描いて（図1）ヤエ子に尋ねますが、説明のつかなくなった姉は「とにかく、かけ算はそのまま！　わり算はひっくり返してかければいいのよ!!」と逆切れします。（おそらくこの場面のことだな）と見ていると、Kの言葉が浮かんできました。

（私、ヤエ子と一緒なんだ。できるけど、わからないところ）

「できるけど、わからない」ということは、「わからないのに、できてしまう」という自己矛盾です。そのように教えてしまったのは他ならぬ「私」です。

2．ごまかさずに教えていたか

映画館を出て、田園都市線に揺られながら、まず、自分は

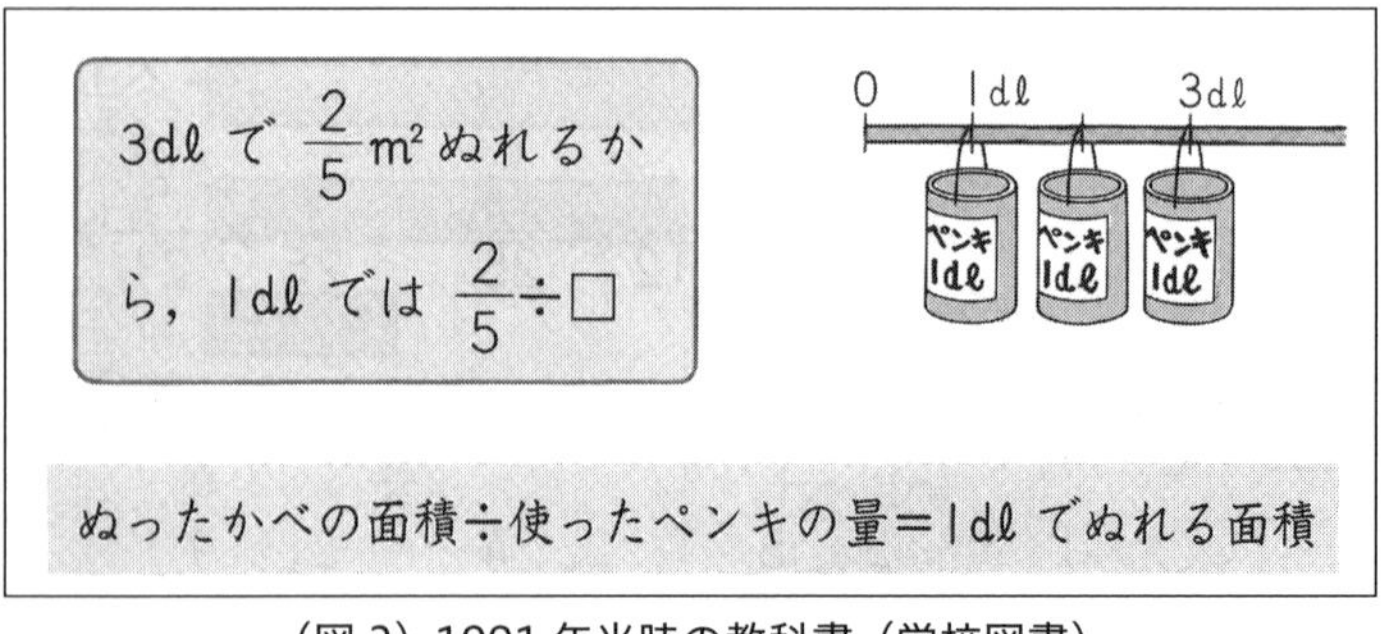

（図2）1991年当時の教科書（学校図書）

どのように教えていたのかを振り返りました。

スライド（図2）は当時の教科書です。「1当たり量」を求める問題です。「ペンキ」を題材とした問題でした。これは30年前の1991年も、2022年の今も変わりません。

分数÷整数を学習し、まず、「言葉の式」をつくります。

次に、数値が分数÷分数に変わりますが、このとき前時に学んだ言葉の式に数値を入れ換えるだけなので、子どもたちはなんとなく立式できます。

あとは、「計算の仕方」を考えていきました。

1当たり量を求める場面は、小数のかけ算やわり算になると登場し、比例数直線が学習の鍵になってきます。考えてみるとこの時に扱った場面は、「1に当たる大きさを求める問題」、それ1問だけです。

2　$\frac{2}{5}m^2$ のかべをうわぬりするのに，青ペンキを $\frac{3}{4}$dℓ 使います。

この青ペンキ 1dℓ では，何 m^2 ぬれるでしょうか。

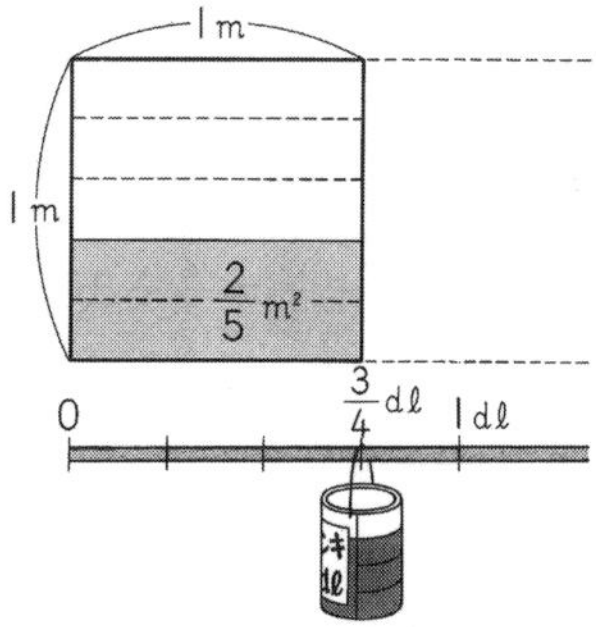

$$\frac{2}{5}\div\frac{3}{4}$$

① まず，$\frac{1}{4}$dℓ では，何 m^2 ぬれるか考えましょう。

（図3）1991年当時の教科書（学校図書）

しかし、映画に出てきた素材は「りんご」。タエ子が話していたイメージは「等分除」あるいは「包含除」の考えです。

電車に揺られながら、「明日は、りんご3/4個を1/4に分ける、というところからKにじっくり向き合ってみよう」そう決意して家に帰りました。

3. 子どもが直面していた困惑

翌日、Kに声をかけて、映画を見たことを伝え、「（姉の）タエ子と一緒」と言っている場面が、分数のわり算であることを確認しました。

次に、Kの困り感の確認です。映画でタエ子が姉に話したりんごを素材にした問題の説明をどう思ったのか聞いてみました。

Kは、「りんごが2/3個を1/4人に等しく分けるっていうのはなんか変でしょ。だから、りんごが2/3個を1/4個ずつ分ける、って考えてみました」と言います。「包含除」のイメージで考えてみたわけです。

そこで私は、りんご2/3の絵を描いてKの前に置き、「じゃあ、2/3個のりんごから

$\frac{1}{4}$個ずつ、取ってみようか」と言いました。
Kはその図を鉛筆で分割していきました（図4）。
ここからの対話はスライドで確認していきましょう。（スライド提示）

私（黙って見ている）
K「$\frac{1}{4}$個は2つまでしか取れません」
私「そうだね」
K「あまりは全体の$\frac{1}{6}$個です」
私「あまり？」
K「だって、あまりは$\frac{1}{6}$でしょ？」
私「そうだね。全体の$\frac{1}{6}$だね」
K「だから答えは、2と$\frac{1}{6}$」
私「……」
K「でも、学校で習った計算でやると2と$\frac{2}{3}$になるの」

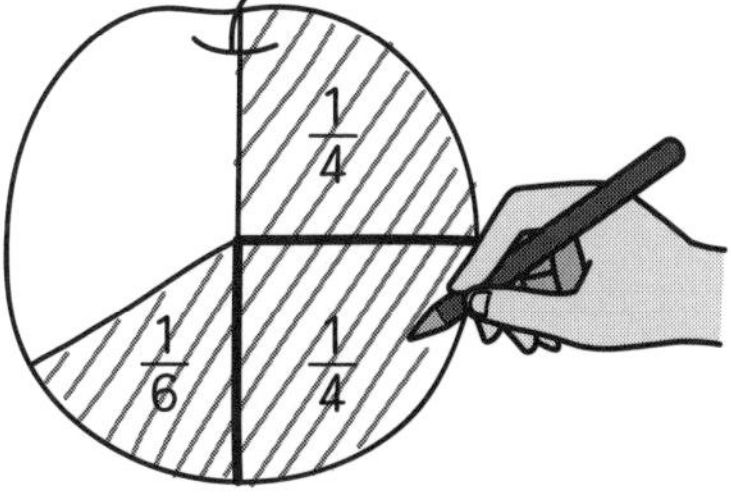

（図4）

$$\frac{2}{3} \div \frac{1}{4} = \frac{2}{3} \times \frac{4}{1} = \frac{8}{3} = 2\frac{2}{3}$$

K「なんでだろう？　だから、わたしってヤエ子と同じだって言ったの」（スライド終了）

ここに至って何がKを困惑させているのかが理解できました。わり算は、除数$\frac{1}{4}$の大きさを1と見た時の被除数の大きさを求めています。ここでは「あまりの$\frac{1}{6}$」も、「$\frac{1}{6} \div \frac{1}{4}$」の大きさと解釈しなくては、「$\frac{2}{3}$」が見えてきません。包含除の操作をそのまま読むだけでは、この関係は見えにくいはずです。

4年生から3年間、Kの担任であった自分の指導が大切なことをスキップしてきたことに猛省するばかりでした。

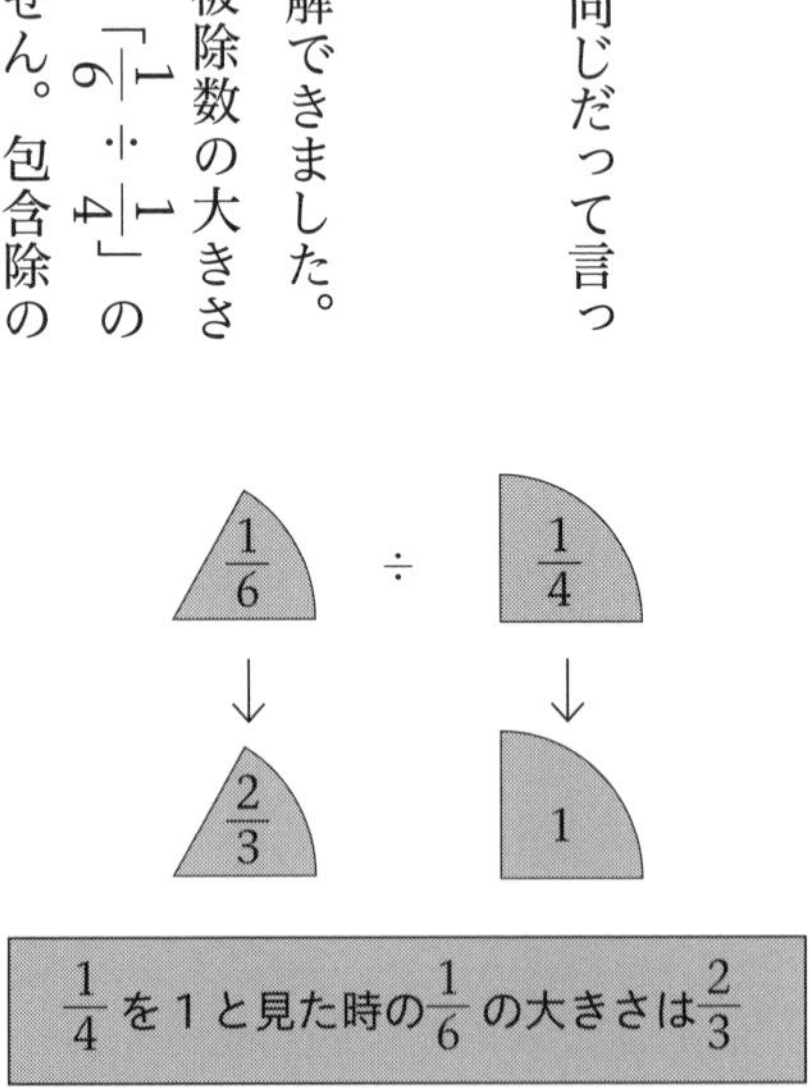

4．本当のことをいつどこまで教えればいいのか

第4回の「わり算」の講義でも話しましたが、小学校3年の「あまりのあるわり算」の問題場面では一般的には「分離量」を扱います。「連続量」は、「あまりを割り進む」という考えが出やすいからです。

あえてそのことを前提に、連続量を題材に「13÷4」で2つのわり算の問題を考えてみます。

まず、「等分除」の問題です。

「13Lのジュースを4人に等しく分けると、一人分は何Lになりますか。」

13÷4＝3…1で、一人分は3L、あまりが1Lとなります。

「あまりのあるわり算」ですから、ここで終わらないと単元の内容を超えてしまいます。でも、このことにとらわれずに、「あまりの1L」をさらに「4人で分ける」ということを子どもと考

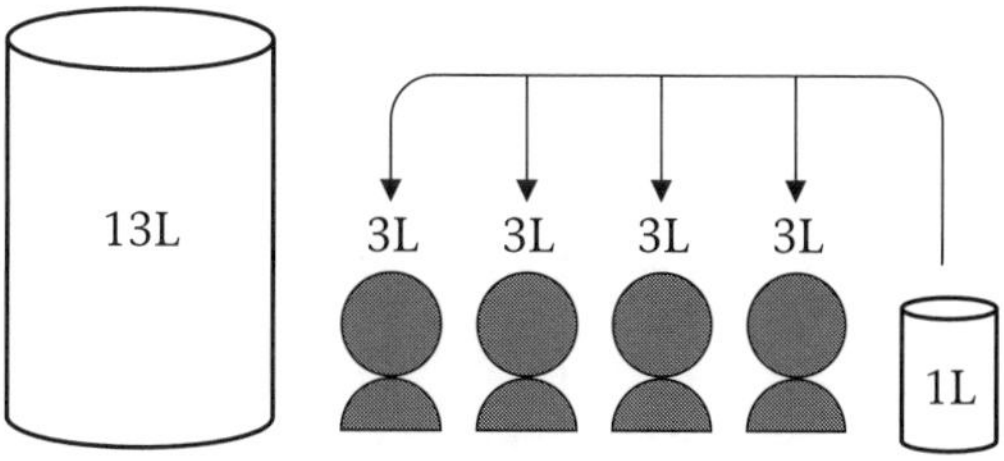

（図5）

えてみます。

1Lを4等分して1÷4＝$\frac{1}{4}$L。だから、「一人分は3Lと$\frac{1}{4}$L」と考えることができ、「あまりなく」処理することができます。

つぎにこれを「包含除」の問題で考えてみます。

「13Lのジュースを4Lずつ、びんに分けます。びんは何本になりますか。」

これも、先と同様に、「あまった1Lを3本の瓶に分けよう」と子どもと考えていったら、どうなるでしょうか。Aさん、どうですか。

学生A 「13÷4＝3あまり1。あまった1Lを3本のびんに分けるので$\frac{1}{3}$Lずつ分けるということです」

では、その操作を式に表すとどうなりますか？

学生A 「13÷4＝3$\frac{1}{3}$ですか？　変ですね。あれ、4Lと$\frac{1}{3}$Lですか？」

今のAさんは、Kの困惑の場面とまったく同じですね。

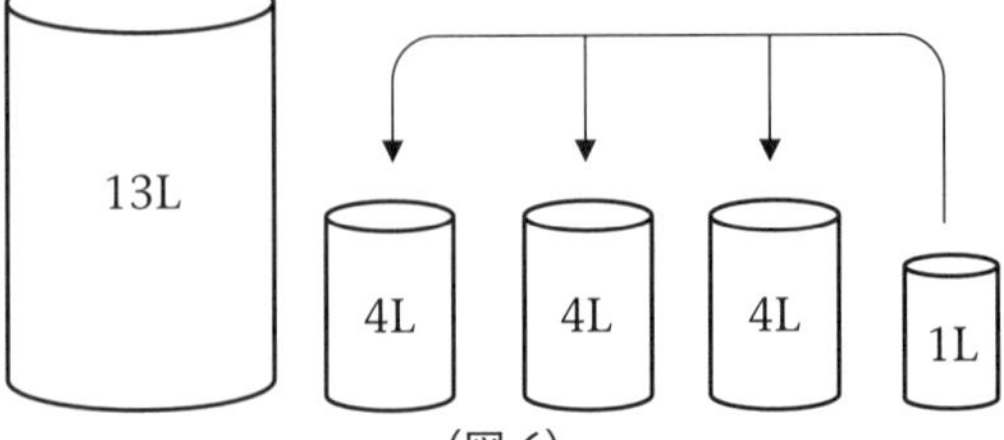

(図6)

5．子どもの困惑に誠実に向き合う

「13÷4」という初歩のわり算であっても、このように問題場面を丁寧に扱っていけば、わり算の意味の理解に大いに役立ちます。
「13÷4」、4でわるという意味は、4を1と見たときの13の大きさを求めています。ですから、「余りの1」も4を1と見たときの大きさに当たるで「$1\div4=\frac{1}{4}$」となります。13Lを4Lずつ分けると「$3\frac{1}{4}$本」に分けられる、となります。

比例数直線で捉えるとスライド（図7）のようになります。4Lを1としたとき、その2倍が8L、3倍が12Lという整数倍から、13Lは4Lの「3.25倍」と見ることができます。このとき1Lの大きさが4Lの「0.25倍」であることも分かります。

教科書はそこまで教えていないのだから、わざわざこのような問題は扱わなくてもいいのではないか、そう考える人もいるかもしれません。
では、どこで教えればよいのでしょうか。あまりのあるわり算を例にとっ

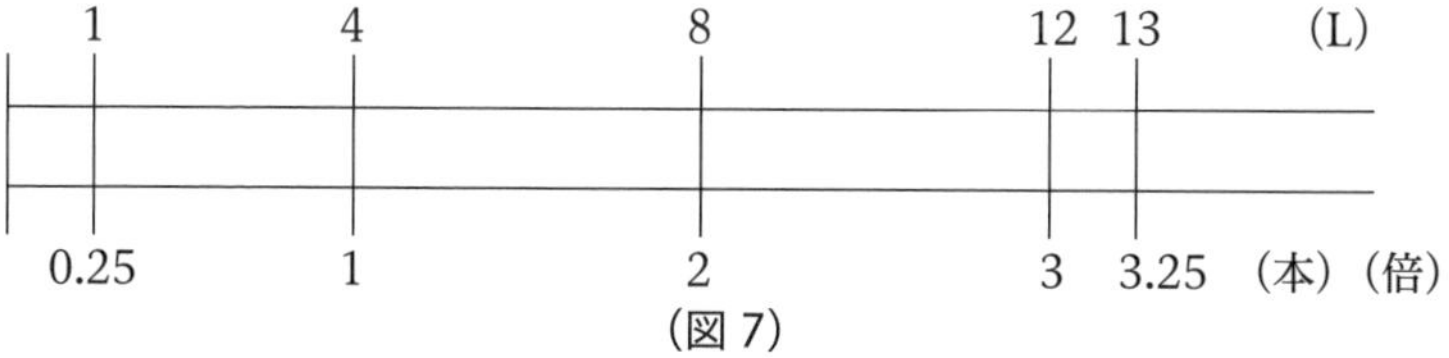

(図 7)

ても、学び直しが必要な内容があります。Kが映画で見たシーンはKの「できないけど、できること」の困惑を生み、私に教材研究の大切さを教えてくれました。

「学習の個性化」「指導の個別化」はとても大切なことですが、そうした学びを実現するには、教師が子ども一人一人の問いに、誠実に向き合うことが肝要です。子どもの言葉を本気で聞くことの大切さ、正しく解釈することの難しさ、その言葉を基盤に授業を組み立てる美しさ。教師の言葉は控えめに。しかし、的確に介入すること。これが大事です。

泰安洋講《たいあんようこう》⑧

過去の難問を再考する

1974 年の調査問題です。この時、正答④を選んだ 6 年生は 11%です。誤答①を選んだ子どもが 72%です。（能田伸彦：「教材の本質とその究明」1990. 東洋館出版より）

$\frac{2}{3}$ m を表した図を選びましょう。

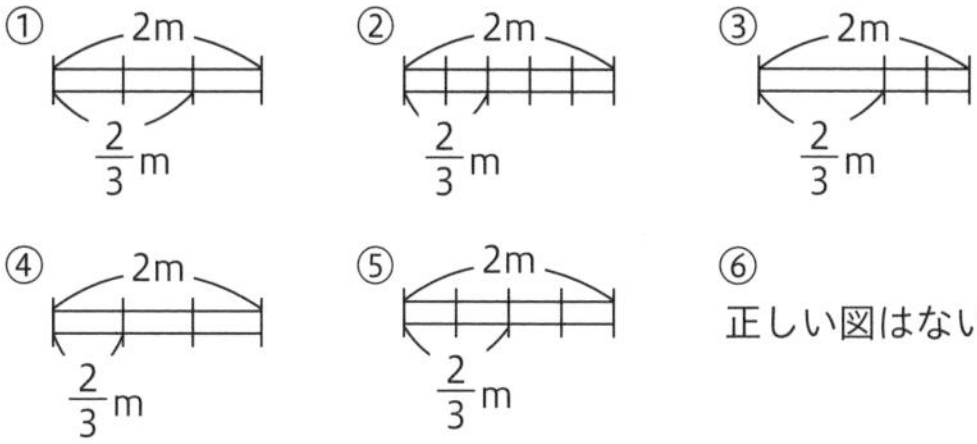

⑥ 正しい図はない。

同じ問題を大学授業や教員研修で度々考えてもらいますが、大人でも正解④の選択率は通常 50%以下で、①と⑥がそれぞれ 25%から 35%程度は選ばれるケースが見られます。

学生に「$\frac{2}{3}$ m」を式で表してもらうと次のようになりました。

㋐ $\frac{1}{3}\mathrm{m}+\frac{1}{3}\mathrm{m}$　　㋑ $1\mathrm{m}-\frac{1}{3}\mathrm{m}$

㋒ $\frac{1}{3}\mathrm{m}\times 2$　　㋓ $1\mathrm{m}\div 3\times 2(1\times \frac{2}{3})$

㋔ $2\mathrm{m}\div 3$　　㋕ $2\mathrm{m}\times \frac{1}{3}$

「$\frac{2}{3}$ m」は、㋐、㋑、㋒、㋓の式をイメージするのが自然です。㋔や㋕のように2m を基にしてイメージする人は少数でした。また、次の 2 つの図を示して正しい図を選ばせると、図 1 を一択する学生が多くいました。

（図 1）

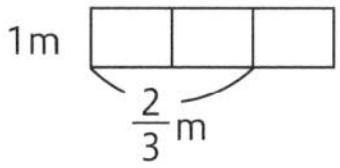

（図 2）

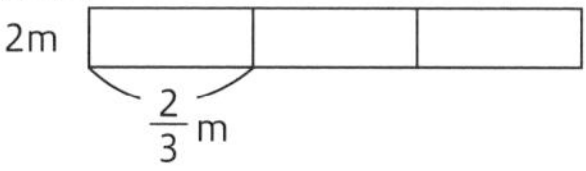

教え方・学び方に問題があるのか、それとも問題自体に問題があるのか、興味深い問題です。

「指導案作成と模擬授業」の授業記録より

3 授業づくりの原則を問い直す

1．教員と教師

「教員は増えたが、教師は減った。」

ある教育者の近年の言葉です。きびしい言葉ですが真摯な姿勢で耳を傾けてみましょう。「員」という字の意味を辞書で引くと「会社や団体を組み立てている者の一人」とあります。つまり、「教員」とは組織人のことです。次に「師」の意味を引いてみます。「教授・伝導・説教などをする人」とあります。「教師」の役割あるいは使命そのものを示しています。学校という組織の一員としての意識を持つことは言うまでもなく大切なことです。しかし、それは最低限の要求です。皆さんに期待されていることは最高の課題、優れた教授ができる教師です。「よい教師が増えた」という明るく信頼に満ちた声が聞かれる次代の教師を目指しましょう。

2．授業づくりのレシピ

授業づくりは「教師」の本務です。斎藤喜博先生は、「学習の主体は子どもであるけれども、子どもを学習の主体者として生き生きと活動させるためには、教師が積極的に授業の中心となり、授業の組織者・演出者となっていかなければならない」と言っています。

そういう役割に立ってこそ、子どもたちのもっている固有の論理を引き出し、それをもとに授業を組織し、子ども一人一人に深い学びが成立することを目指していきます。「そういう授業は、科学や芸術などと同じに、一つの創造だと云ってよい」。これも斎藤喜博先生の言葉です。教師として目指すべき最高の課題です。

ところが、近年、各自治体の教育委員会が、授業展開や具体的な指導方法、学習規律等について定めた資料を作成したり、その資料の理解を図る研修を行ったりするという状況が長期化しています。

それらの資料名は「学びのスタンダード」「授業の手引き」など自治体により異なりま

すが、一般に「授業スタンダード」と呼ばれています。

「授業スタンダード」とは、一言で言えば、指導過程や指導方法をモデル化したものです。皆さんが授業づくりに取り組むとき、そのような資料を参考書的に使うのであれば便利だと思います。しかし、今、この「授業スタンダード」が授業の画一化を促進し、教師の専門性を劣化させているのではないかと注視する声が増えています。

実は、この「授業スタンダード」と「算数の授業づくり」は、意外にも深い結びつきがあります。そのことは授業の後半に出てきますが、まず授業スタンダード全体について話をし、その課題を踏まえ、教師としての授業づくりへの期待を話したいと思います。

3．形式化に向かう授業づくり

授業スタンダードの拡大にはいくつかの要因が考えられます。

例えば、２００７年から文部科学省の実施した全国学力・学習状況調査と学力調査の検証等に関わる委託事業がその一因と考える人がいます。私も指導行政で勤務していた時期に、委託事業の研究成果として、授業スタンダードを作成した経験があります。また、

２０１６年12月の中教審答申前後にも「アクティブ・ラーニング」の実現を旗印に多くの授業スタンダードが作成されました。２０１７年時点、全国の都道府県自治体の６割強が作成をしていることが調査により報告されています。

こうした状況へ警鐘を鳴らしたのが他ならぬ２０１６年12月の中央教育審議会答申です。

そこには次のような提言が見られます。（スライド提示）

○特定の教育方法にこだわるあまり、指導の型をなぞるだけで意味のある学びにつながらない授業になってしまったりという恐れも指摘されている。

○我が国の教育界は極めて真摯に教育技術の改善を模索する教員の意欲や姿勢に支えられていることは確かであるものの、これらの工夫や改善が、ともすると本来の目的を見失い、特定の学習や指導の「型」に拘泥する事態を招きかねないのではないかとの指摘を踏まえての危惧と考えられる。

「指導の型をなぞるだけで意味のある学びにつながらない授業」「本来の目的を見失い、特定の学習や指導の型に拘泥する事態」と危機感の強い文言が並んでいます。

澤田俊也先生の研究（国立教育政策研究所紀要第１４７集）では、全国の自治体で作成されているスタンダードの傾向を指摘しています。（スライド提示）

（1）都道府県の学力調査の平均正答率を全国以上にしたり、現況から何ポイント上げたりするという成果指標を設定している自治体は32件（77.7%）あった。

（2）手引きが規範性をもつかどうかの指標として、チェックリストの有無は重要な点である。スタンダードは他の指導文書と比較して、チェックリストを含んでいる傾向（58.0%）が確認された。

（3）教師や子どもの具体的な行動が示されていることが確認できる。自分の考えをノートに書くことや、板書をノートに書き写すことができるように子どもを指導することが教師に要求されている。

こうした実態を概観すると、授業スタンダードが学力の定着や向上を目的とし、授業展開や具体的な指導方法、学習規律について定めたものであることが分かります。

4．授業スタンダードの具体

では、「授業スタンダード」の具体を確認してみましょう。
東京都教育委員会は、「東京方式1単位時間の授業スタイル」（平成28年3月）というA4判22ページの小冊子を作成しています。内容は「1単位時間」の展開例を示したものです。この小冊子の冒頭には「なぜ1単位時間の授業スタイルが必要なのか」が書かれていますが、そこを読むと、平成27年度の児童・生徒の学力向上を図るための調査の結果から、言語活動等を通した思考力等の向上を目指す授業の必要性から作成したとの趣旨が書かれています。

東京都のスタンダードの授業モデルは次の通りで、国語、社会、算数・数学、英語（中学校のみ）の指導例が統一された形式で示されています。（スライド提示）

①問題の提示（課題の把握）
②問題解決の計画・自力解決
③解決の実施・検討
④まとめ

福島県教育委員会では「ふくしまの授業スタンダード」（平成29年4月）というA4判4ページのリーフレットを作成しています。リーフレットの冒頭には「授業には、時代が変わっても変わらずに大切にすべきことと、時代の変化に応じて新たに取り入れるべきことがあります。次期学習指導要領を見据え授業における不易と流行のポイントを示したものです。」とあり、1単位時間の展開の一般化を図っており、また、指導の留意点が具体的に指示されています。

福島県のスタンダードの授業モデルは次の通りです。（スライド提示）

①教材との出会い
②学習課題の把握

③追究・解決〈計画・方向付け・見通し〉
④ペアやグループ・学級での話し合い
⑤まとめ・振り返り
⑥新たな学び

大阪府教育委員会では「大阪の授業STANDARD」（平成24年5月）というA４判23ページの冊子を作製しています。大阪府では、平成22・23年度の2年間に渡り学力向上を目的に、府内の各学校を対象にパッケージ研修支援に取り組み、その集大成として大阪の授業スタンダードを作成しています。また、「授業における集団づくりチェックポイント33」というチェックリストにより教師に振り返りを求めています。

大阪のスタンダードの授業モデルは次の通りです。（スライド提示）

①出会う………課題を積極的に受け止め、意欲的に向き合う
②結びつける…既存・既習の知識・技能と結びつける
③向き合う……自分の力を頼りに一人で課題に向き合う

④つなげる……友達の考えをつなぎ、考えを深める
⑤振り返る……自己の学びを振り返り、自己評価を行う

3つの自治体の授業の共通点を見てみましょう。(スライド提示)

○3つの授業モデルは「問題解決型」の授業を対象としている。
○1単位時間を想定した授業モデルとして示されている。
○問題把握→個人思考→集団検討→振り返りの過程が軸となっている。
○ペアやグループでの対話的な学習活動が重視されている。

このように授業スタンダードは、問題解決の指導過程をモデル化したものが主流のようです。

5．教師が本当に困っていること

私が２０２０年11月に都内で３つの算数授業を参観した時の記録です。指導者は、教員経験10年を超える主任教諭、指導教諭による授業でした。（スライド提示）

2020.11.10　A小学校第5学年「平行四辺形の面積」（第１時）
　授業時間　13：15～14：14　約59分
2020.11.12　B小学校第5学年「単位量あたりの大きさ」（第１時）
　授業時間　13：35～14：28　約53分
2020.11.18　C小学校第2学年「分数」（第３時）
　授業時間　13：32～14：26　約54分

３つの授業には2つの共通点があります。まず、授業が1単位時間45分では終了していないことです。どれも約10分オーバーとなっています。

そして、もう１つの共通点は、①問題の理解、②解決の見通し、③自力解決、④解決の検討、⑤振り返り、という5つの指導過程で構成された授業であったということです。授業を参観して特に課題として挙げられるのは、「ふり返り」と計画された段階の活動です。どの授業も1分から3分程度の短い時間でした。

算数授業の5つの指導過程は、子どもたちが問題解決に向かう文脈づくりを仕掛け、一人一人の問いを集約しながら全体の問題を確定し、自律的に粘り強く解決に取り組む支援を行い、多様な考えを統合し、学んだことを自らの手でまとめ上げる、という問題解決の授業の局面で構成されています。

しかし、実際にこの流れで授業を構成すると「45分間では終わらない」という現実があるということです。つまり、現実と乖離した理想が授業づくりの常識とされているようです。

この実態に現場の多くの教師も気付いています。しかし、「そのように展開しないと、算数の授業をしたとは認めてもらえない」と困惑の声をあげています。実現が困難なことはすでに経験的、帰納的に実証されているのに、なぜ、この鋳型にはめ込んだ指導案を作成し、その実行を何十年にも渡って繰り返し試みるのでしょうか。

6．４つの区分と45分間の授業

問題解決の指導過程がいくつかの相に区分され、「45分の授業」に適応されるようになった背景にはGeorge Polya（以下、ポリヤ）の著書「HOW TO SOLVE IT」の表紙裏に載せられた問題解決過程の４つの区分（four phases）を算数の授業で試行してきた経緯があると言えるでしょう。（スライド提示）

①問題を理解すること
②計画をたてること
③計画を実行すること
④ふり返ってみること

G．ポリア「いかにして問題を解くか」（丸善株式会社）

このリストは、算数・数学の問題解決に留まらず、広い分野で問題解決をするための一般的な発見的教授法としても有名です。「授業スタンダード」の多くがポリヤの４つの区分（four phases）を参考にしていることは想像がつきます。この授業の冒頭に話した「授業スタンダード」と「算数授業」の結びつきとはこのことです。

清水静海先生は、「問題解決の過程については、多くの研究者によって多様な過程が提案されていますが、これらのほとんどはG．ポリヤが提案した4つの過程、問題の理解、解決の計画、計画の実行、解決の検討を原型としている」と言及しています。また、「ややもすると、この形式にとらわれて子どもたちをそこに追い込むことになりかねないので、彼がこのことを問題にした真意を的確につかむことが必要となろう」と注意喚起を促しています。

田中博史先生は、子どもの思考の様相の事実から、「実際に授業をしてみれば、まず問題を把握し、それから解決に向かう2つの段階でさえ、実は子どもの中では思考の行き来が行われ、前進したり戻ったりするのが普通である」と実践者の立場から画一的なプロセス論に疑問を投げかけています。そして、このような事実が数多く検証されてきたにもかかわらず形骸化の一途を辿ってきた経緯を、「型を参考にして試すこと自体が問題なのではなく、その検証作業で仮説を立てた方にきちんと意見を言える人が側近にいるべきだった」と問題点を指摘しています。

平林一榮先生は、授業を区分する観点を「相（アスペクト）」と呼び、その区分を次の4つとしています。（スライド提示）

1. 技能の練習
2. 理解
3. 問題解決
4. 問題設定

平林一榮「数学教育の活動主義的展開」（東洋館出版）

1つの授業の一瞬を捉えて、今何をしているのかを問うた時、「どんな授業でも、これら4つの『相』の一つ、またはそのいくつかの組み合わせとして成立している」としていると言うことです。その上で、「授業の主要な相がどれであるかによって、指導形態も指導方法も違う。従って指導案も、外見的にも大きく異なっていて然るべきだ」と断言されています。授業とは、「相」の特質を踏まえて計画・実行されるものであり、そのねらいを達成する展開が様々に考えられることは自明の理であり、このことは、授業の型は多様に存在することを明示していると言えます。

7．ポスト・コロナの授業づくり

私は、これまで一般化された問題解決の過程や区分を否定しているわけではありません。むしろ、一般化されたそれぞれの過程や区分に焦点を当て、その局面での指導の充実を一層図る実践的研究を進めるべきだと考えています。

その改善に可能性を見いだしている実践研究があります。私が２０２０年４月から２０２２年３月まで共同研究を行った三鷹市立東台小学校では、次のような４つの視点を掲げ端末を活用した実践研究に取り組んでい

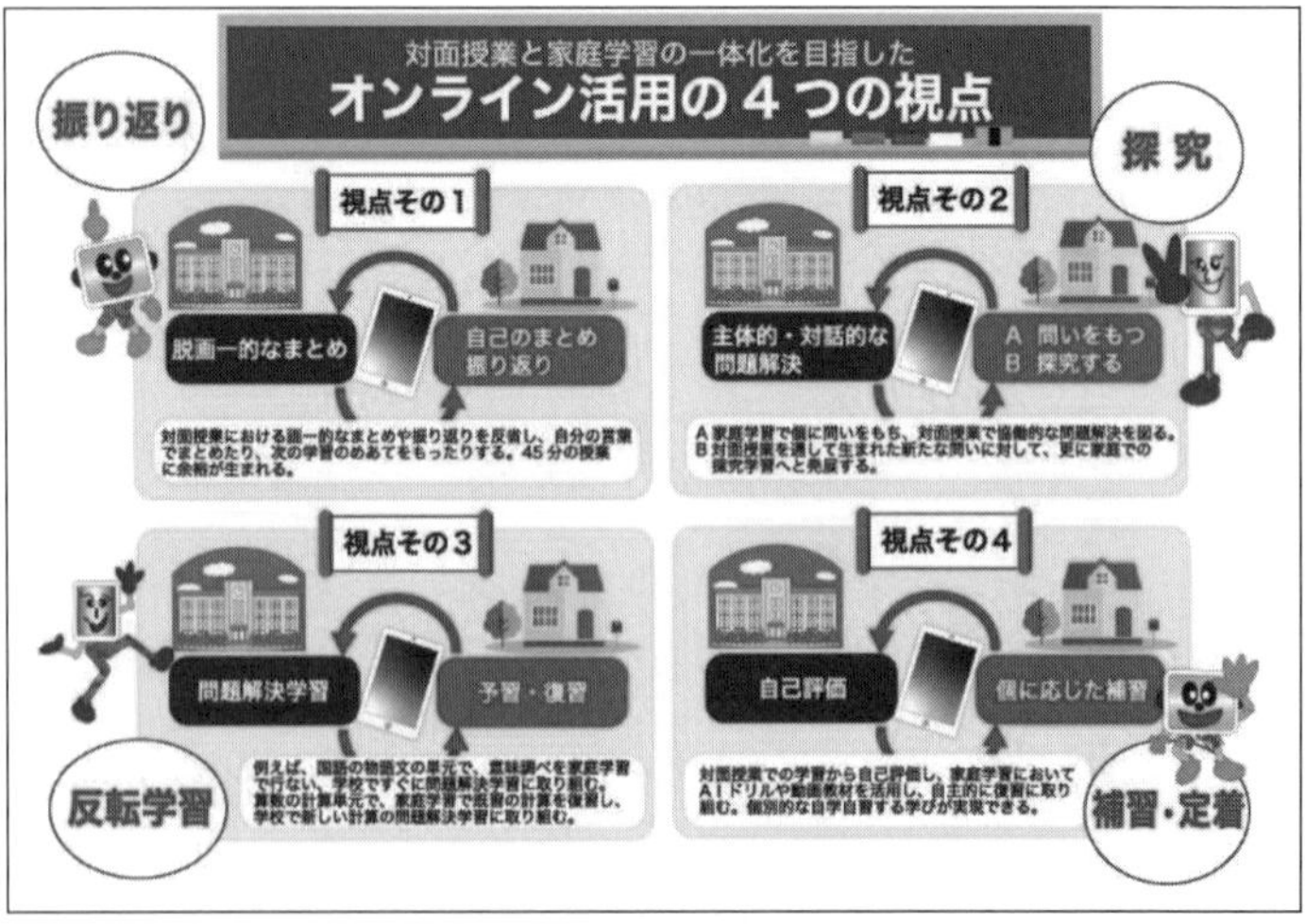

（図１）

ます。

「視点その1」と「視点その2」は、これまで学校で集団的・一律的に行っていたことを家庭で、「子ども自身が自律的に行う」ということ、またその行為を通じて自律的に学ぶ態度の育成をねらうという取り組みです。

「視点その1」では、これまで45分の授業の中で行ってきた「振り返り」を授業の外枠に設定しています。算数科の問題解決学習では、「問題の理解」の場面に10分から15分かけた際にどうしても終末が足早になります。

そこで、「まとめ」や「振り返り」を学力の重要な要素としてとらえて、今日の学びの自分にとっての意味を熟考し、自分なりの言葉で表現することを重視しようと考えまし

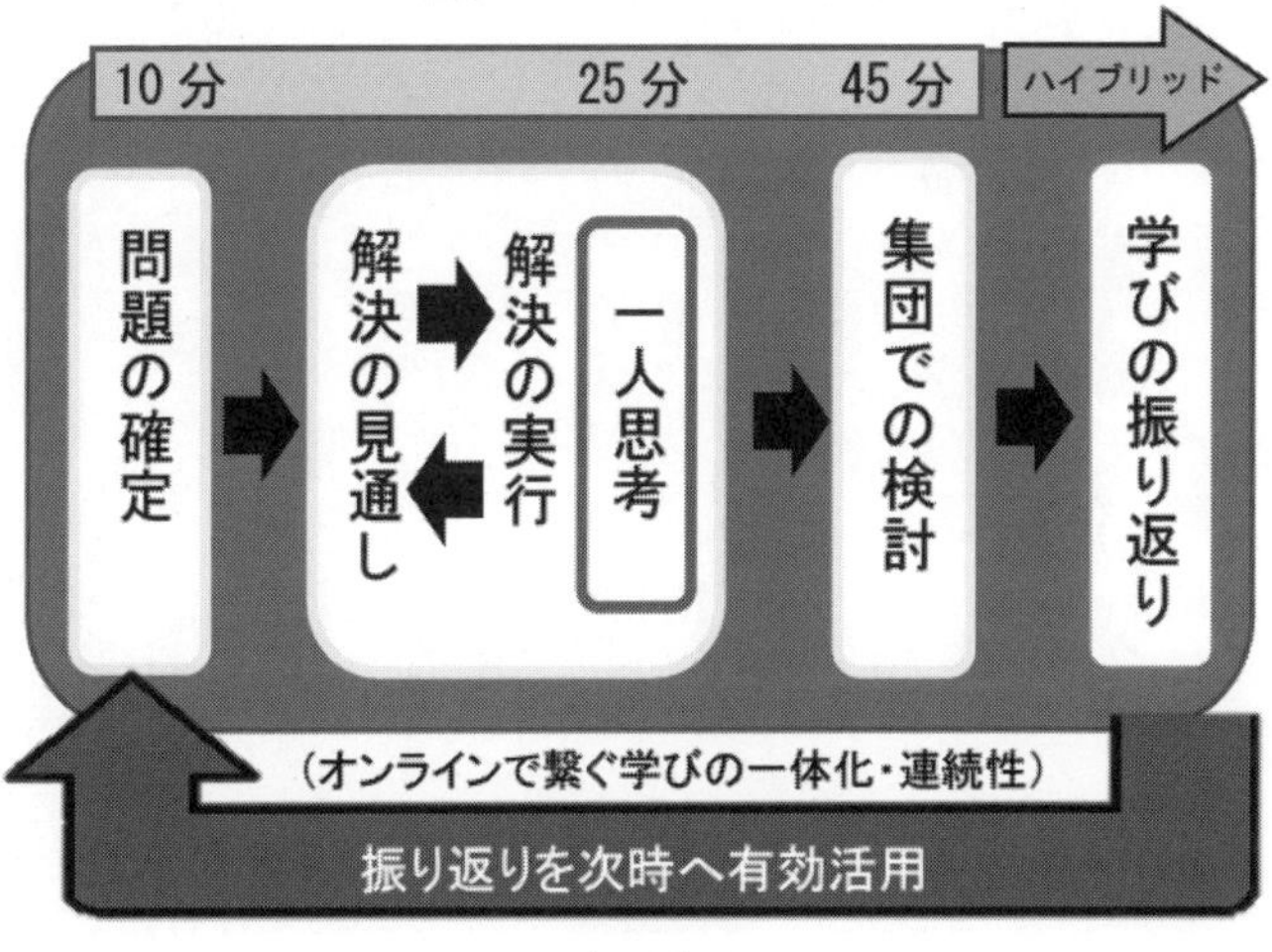

（図2）

た。

そこで、授業の終わりに子どもたちはそれぞれの端末で板書を画像として保存します（図3）。家庭に帰ったら板書の画像を見ながら授業の「振り返り」が行われます。その「振り返り」は家庭からアップロードされ、教師はその日のうちに授業に対する子ども一人一人の学びの状況を知ることができます。教師は子どもの振り返りを評価し、次の授業をどのように進めるかの準備に生かしていきます。

これまでの「宿題」の概念は、ドリルや教科書の練習問題をやってくるということでしたが、東台小学校では、主たる

（図3）板書を画像に保存する子ども

宿題は「学びの自己省察」であり、学校の対面学習と家庭学習の一体化を目指す学校をあげての取り組みが着実に形になっています。

こうした丁寧な「振り返り」が、問いの連続性を生み、「問題の発展」や「新たな問題」の発見にも繋がり、学びのスパイラルが出来てくることに期待が持てます。

一時、「宿題をやめた」という校長の教育方針が学校改革のように取り上げられましたが、やめる、のではなく、質を変える、ねらいを変えるということです。

そのためには、子どもたちが自律的に家庭で授業を振り返る情報が重要となります。それが、「板書」です。

そのような板書をつくるためには、子どもの考えが対話的に発表されたり、考えが種々の表現で関連付けられたりするなど、授業自体が豊かで充実した学びになっていなければなりません。したがって、東台小学校では、「端末の活用」を工夫すると同時に、対話を軸とした授業改善にもこれまで以上に力を入れているわけです。

板書を画像保存することに違和感を覚える教育関係者もいるかもしれませんが、授業中の子どもたちは自分の考えを持ったり、表現したりする充実した学習活動を適宜行っています。板書をノートに単にきれいに視写することが学習と思っている子どもや、その習慣を好ましいと優先的に評価している教師にとってこの事例は、指導と評価の在り方を問い直す機会となると言えます。

泰安洋講《たいあんようこう》⑨

学び続ける教師であり続ける

パンデミックが始まった2020年から2023年5月現在まで、少しでも学校の研究活動のお役に立てればと、都内外の小学校にせっせと足を運びましたが、「子どもたちの学びを止めない」をスローガンに学び続ける教師の姿に勇気をもらいました。気が付くと学校への訪問が現在93回を数え、10月には100回目の講演が決まっています。

この間、授業研究の方法はすっかり変わりました。

授業研究なのに、教室には先生たちの姿はありません。三密回避のため、授業はライブ配信し、各ブースで分散して見ます。その後の研究協議会も、以前のように「全体協議」や「グループ協議」は行わず、チャットなどで意見交換をしました。今となってはそこまでする必要があったのだろうか、と自問もしますが、その時は誰もがその方法を受け入れ、学び続けました。

研究協議会では集合はしてもマスク着用で3年間に渡り、先生たちの素顔を見ることはありませんでした。

改めて「対面」という言葉を辞書で引くと、「顔と顔を合わせること」「対顔」とあります。「対面授業」とは言いますが、顔の大半はマスクで隠れています。

マスクの着用は致し方ないことでしたが、顔が合わせられないからこそ、心を通い合わせて学ぶことの大切さを感じた3年間でした。「対面授業」とは、単に同じ空間にいる、ということではありません。

「教材研究」の授業記録より

4 教材の価値を質す

1．同じ教材で考える価値

中学校2年の数学で「証明」の初期指導を行います。その際に取り上げられる教材が「三角形の内角の和」の証明です。

小学校では、「三角形の内角の和は180度になります」と学びます。この時、いくつかの具体に基づいて一般的な結論を導きます。この方法を帰納的推論と言います。帰納的に考えて分かったことを使って、今度は四角形の内角の和について考えます。四角形は対角線で2つの三角形に分けられるので 180×2＝360 度と筋道立てて考えることができます。こうした方法を演繹的推論と言います。しかし、この時、基となる180度が帰納的に導かれた結論なので、どこかしっくりいかないと感じている子どももいます。

このもやもや感に応えてくれるのが中学校数学の図形の証明です。一方で「分かっていることを今さらなぜ証明するのだろう」と必要性を感じない中学生もいます。こうした実態を踏まえた小・中連携の教材研究が一層望まれるところです。

小学校では「どんな三角形でも内角の和は180度である」ということを一般化する時に、一方で「疑いの目」をもって見る態度を育てること、「何百、何千通りも試すことはできないので三角形の内角の和は180度であると考えよう」といった形のまとめ方も大切でしょう。

「同じ教材で考える」ということは単に知識の上書きをすることではありません。同じ教材で学ぶことの価値が子どもに伝わるような工夫が必要です。今日はそうした教材の扱い方について考えてみたいと思います。

2．4年生の教材

一度解いたことのある問題は答えが分かっています。ですから算数の教材として繰り返し使うことには価値がないように思えます。しかし、分かっていたはずの問題の中に、新たな解決方法を見いだせたときは、かえってインパクトがあります。

4年生ではこのような形の面積を求める問題をとり上げます。

この問題は、多くの教室で下のような4通りの考え方が検討されます。

次の形の面積を求めなさい。

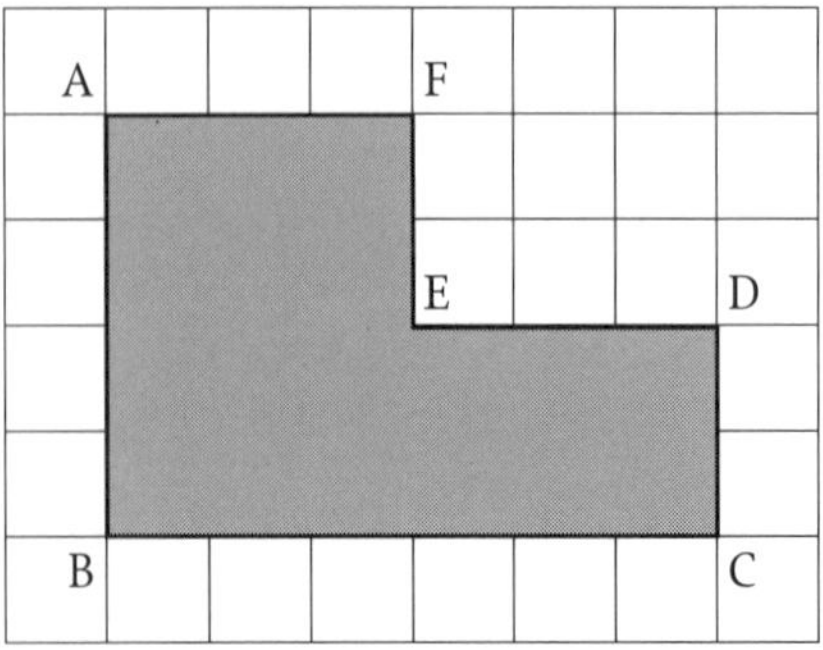

(ア)

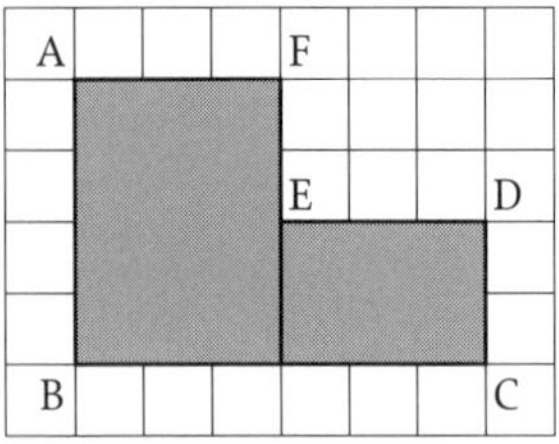

4×3＋2×3

(イ)

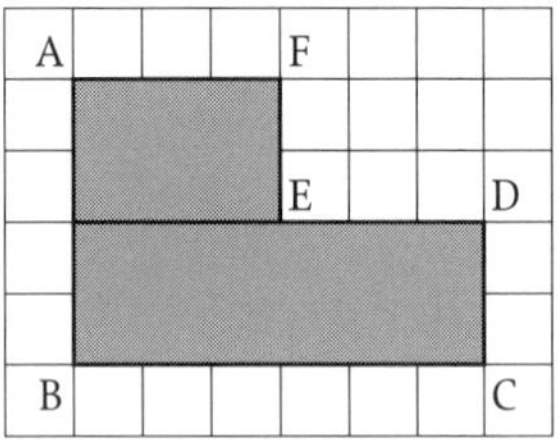

2×3＋2×6

(ウ)

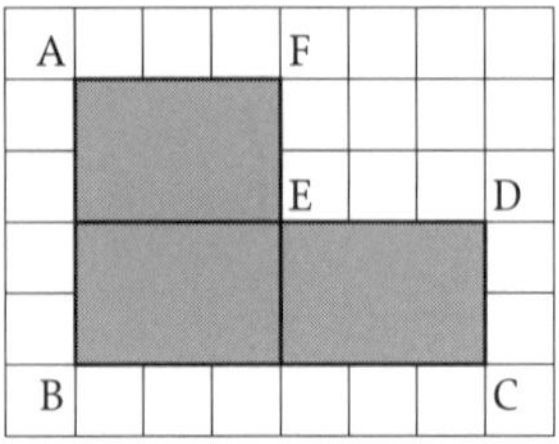

2×3×3

(エ)

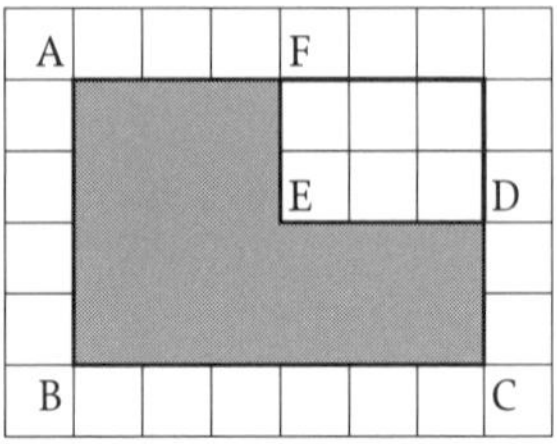

4×6−2×3

（ア）（イ）（ウ）はそれぞれに「異なる」分割をしていますが、「長方形に変形している」と見れば「同じ」アイデアと見ることができます。

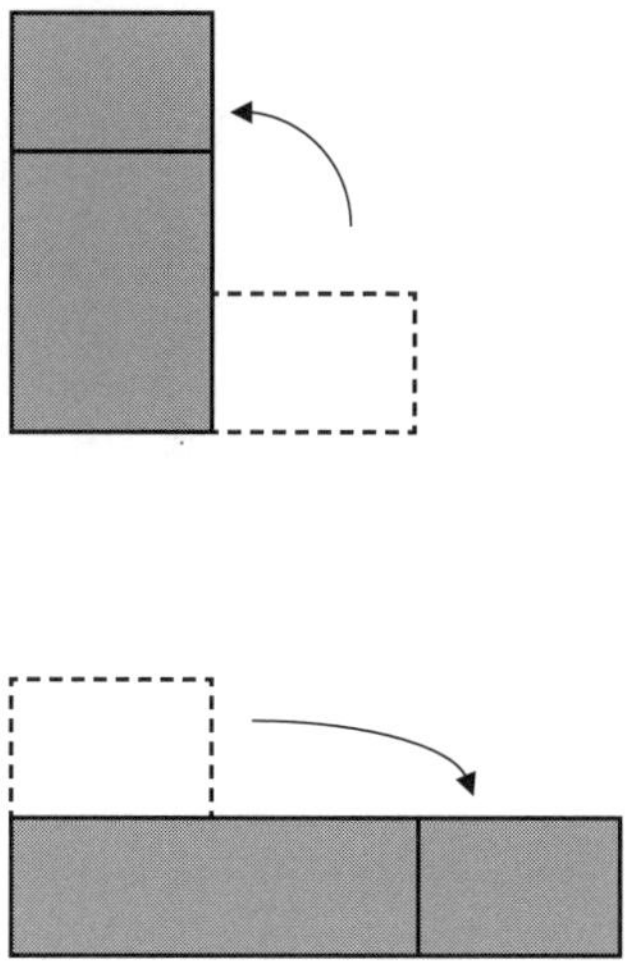

こういうアイデアを「等積変形」と言います。5年生になって「平行四辺形」や「三角形」「台形」の求積の学習で使います。その時に何か特別な新しいアイデアであるかのようにクローズアップされますが、実はこの時点ですでに使っているアイデアです。

（エ）は分割していないのでこの中では特殊な見方のように思われますが、「長方形」と見ているので、やはり同じアイデアとまとめることができます。このように一見「異なるもの」を「同じもの」と見る目、つまり、仕組みが分かることは算数の学習ではとても大切なことです。

今も反省している場面があります。大学を卒業した初任、4年生の担任をした時です。

この問題を図（オ）のように分割した子どもがいました。台形の求積は5年生の学習内容なので、私はこの考えを取り上げませんでした。机間巡視の際に耳元で「これは習っていないからこれまで習った形に戻って考えてみよう」と言った記憶があります。なんとなく後味の悪さを感じた助言でした。

みなさんなら、どうでしょうか。このアイデアを生かす道はありませんか？　Aさん、Bさん、どうですか？

学生A「このアイデアを紹介して、どんな図形の面積が求められれば解決できるのか、この先の学習内容について話題にすればよかったと思います」

学生B「台形ABEFと台形EBCDの面積の広さの関係を考えさせたり説明させたりすると

（オ）

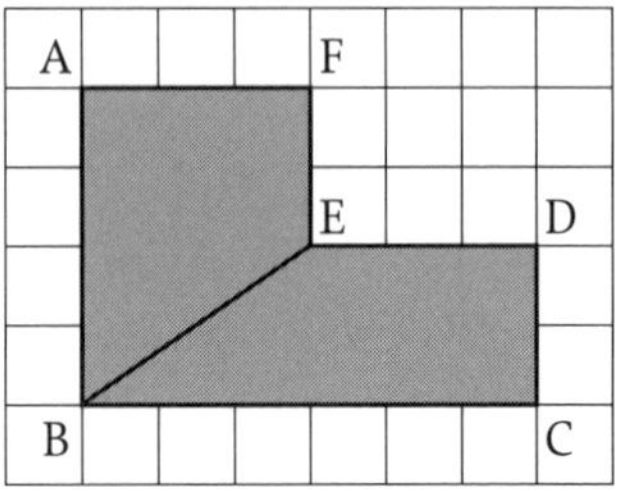

よかったと思います」

どちらもいいですね。二人とも私より優秀です。

4年生では垂直と平行の学習をする中で、台形や平行四辺形という四角形の仲間を学習しています。ですから、子どもが台形に分割して考えようとすることは決して先走った考えではないわけです。むしろ、自然です。それを認めずにスルーしてしまったわけです。

3．4年生の教材を5年生で扱ってみる

私はこの時の反省に立って、この教材を5年生の「台形の求積」の学習でもう一度、登場させることにしました。

> 下の形をEBで分けたら2つの台形ができました。
> 台形ABEFと台形EBCDの面積はどちらが広いですか。

子どもたちはどのように解決するでしょうか。Cさん、どうで

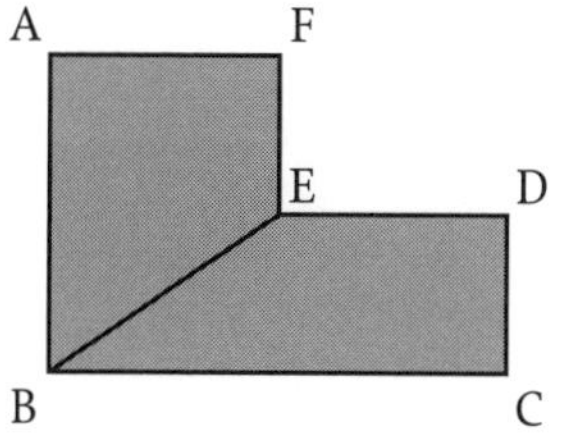

すか。

学生C「2つの台形は三角形①と三角形②を含みます。①と②は同じ面積なので、2×3の長方形と合わせた台形は同じ面積です（図a）」

なるほど、台形そのものの面積を求めなくとも説明できますね。Dさん、Eさんはどうですか。

学生D「台形ABEFは等積変形すると$3\times3=9\text{cm}^2$の正方形になります。台形EBCDは等積変形して$2\times4.5=9\text{cm}^2$の長方形となり、どちらも同じです（図b）」

4年生の学習を想起した考え方ですね。

学生E「台形EBCDを2つ組み合わせると長方形ができます。計算してみると$2\times(6+3)\div2=9\text{cm}^2$です。同じように台形ABEFも

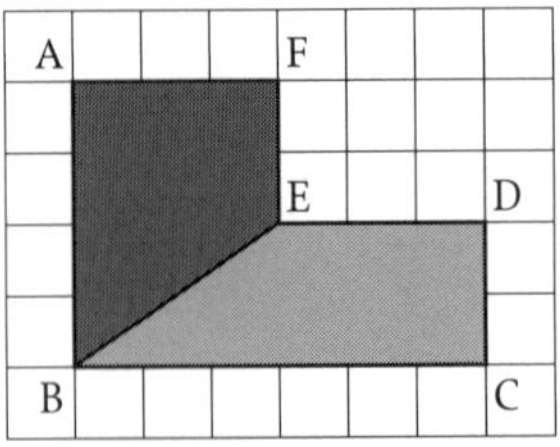

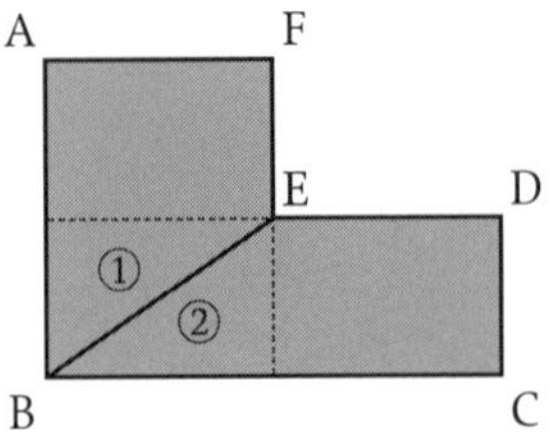

（図a）

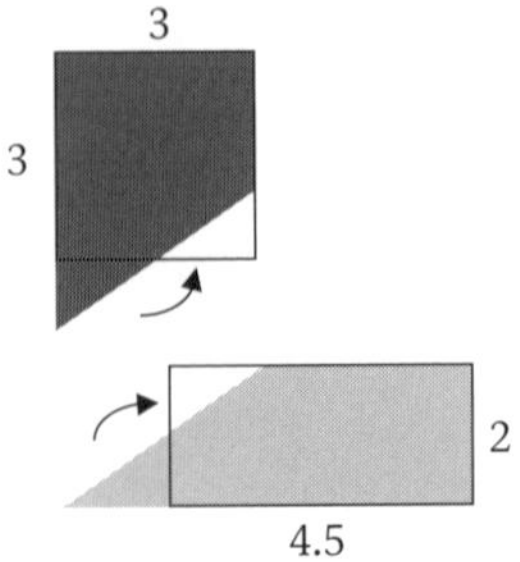

（図b）

$3\times(4+2)\div2=9\mathrm{cm}^2$ になります（図ｃ）」

このように4年生の問題でも、5年生の台形の求積学習でも十分に使うことができます。

子どもから見れば「解決済」の問題ですが、新たな目で捉え直すと、1年間を経て成長した自分の見方・考え方を自己評価する良い機会にもなります。

4．4年生の教材を6年生で扱ってみる

もう一例です。この教材を6年生で再々度、登場させます。

小学校6年生では「点対称な図形」の性質を次のように見いだします。

○点対称な図形では対応する2点を結ぶ直線は対称の中心Oを通る。

○対称の中心Oから対応する2つの点までの長さは等しくなって

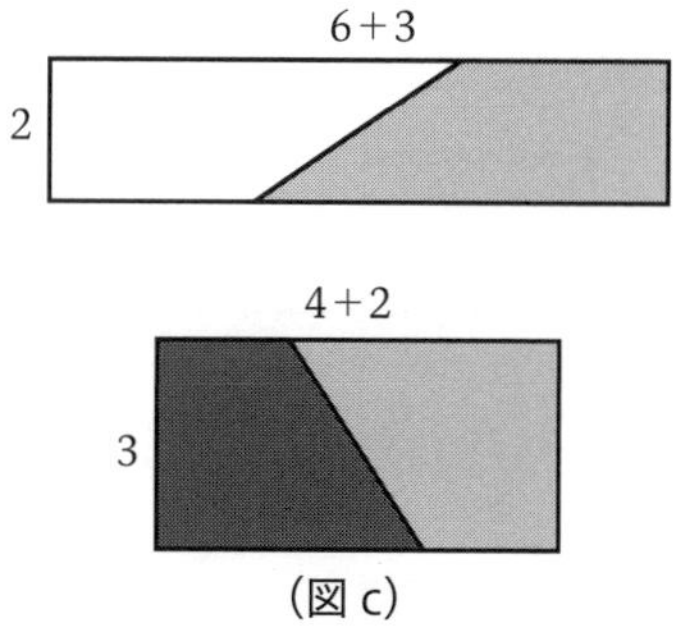

（図ｃ）

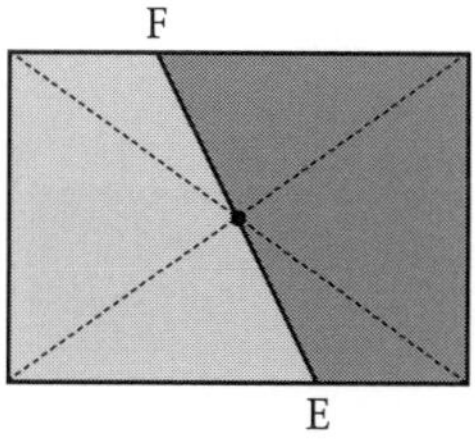

（図１）

いる。

このことから、

○点対称な図形において対称の中心を通る直線は面積を2等分する。

という性質も見いだすことができます。図1のように長方形の中心点を通る直線EFは長方形の面積を2等分します。

この問題は2つの長方形の複合図形なので、それぞれ2つの長方形の中心点を取り、その2点を通る直線を引けば全体は図2や図3のように2等分され、それぞれに台形が現れます。

2等分されているので、どちらの台形の面積も $18 \div 2 = 9\text{cm}^2$ となるはずですが、これを確かめようとすると、上底と下底の長さを正確に計測できません。どこかすっきりしない状況となります。

そのような状況で図4を見ると、中心点を通る直線の性質を用いて現れた2つの台形の面積が計算を用いて容易に確かめること

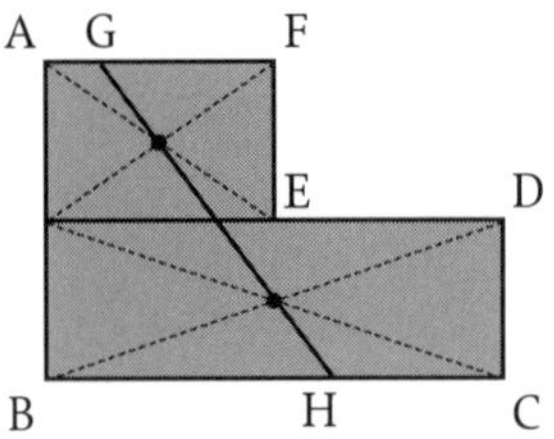

（図2）

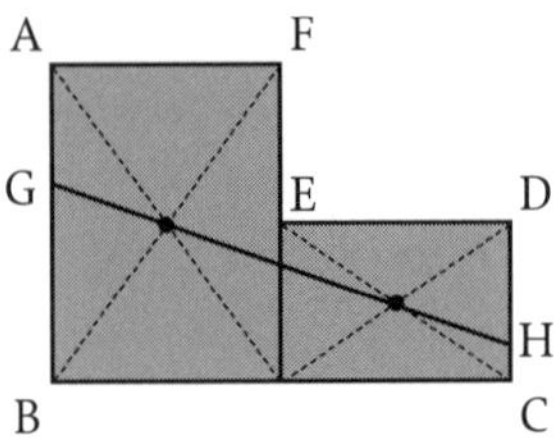

（図3）

ができ、図１で見いだした性質が図２、図３にも適応できることが納得できます。

このように同じ教材を学習内容やねらいに応じて扱うことで、当たり前の問題の中に新しいことを見いだそうとする態度の育成が期待できると考えます。

5．希少な機会

小学校の教師になり１年生から６年生の全学年の担任を経験するには最短でも６年かかります。経験豊富な校長先生でも、各学年をそれぞれ３回受け持った方は稀だと思います。ですから、授業の追試や授業改善の意義は分かっていても実際にはそういう機会にはなかなか恵まれません。私の先輩は10年間連続で５年・６年の２学年を繰り返し担当していました。

「２度目の学年」という年は希少です。ぜひとも、１度目の授業を振り返り、授業改善を自ら進めてみて下さい。そのためにも今日の授業を記録に残すことを習慣にするとよい

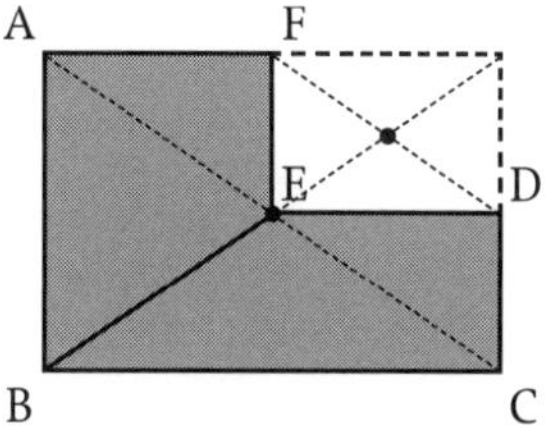

（図４）

でしょう。週ごとの指導計画にメモ程度でよいので記録しておきましょう。
その記録が希少な二度目の機会を生かす宝物になるはずです。

泰安洋講《たいあんようこう》⑩

急がば回れの知恵に学ぶ

毎回の講義で学生から学ぶことが度々あります。先日は「台形」の等積変形について優れたアイデアに出会いました。

右図の台形の求積を考える時、子どもの多くは平行四辺形に等積変形します。しかし、中には正方形に等積変形する子どももいます。ところが、これはあまり支持されません。図１のように1cmの真ん中を切ると計算がめんどうだからです。

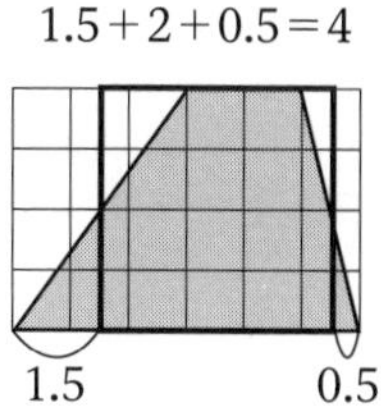

（図１）

その「めんどうだから」を解決するアイデアを学生Ｙさんが発想しました。

まず、頂点Ｄを右側へ1cm移動し、台形ABCD′（図２）をつくります。

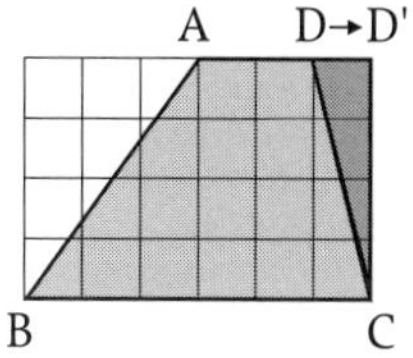

（図２）

次に増えた面積と同じだけの面積を減らすために頂点Ａを右へ1cm移動し、台形A′BCD′（図３）をつくります。

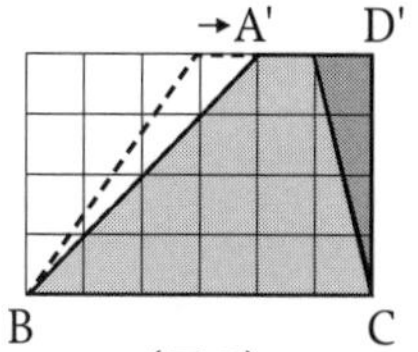

（図３）

そして、最後に台形A′BCD′を正方形に等積変形（図４）すると「4cm×4cm」となり、すっきりと計算できます。この時、4cmはもとの台形の「上底2cm＋下底6cm÷2」となっていることもよく分かります。

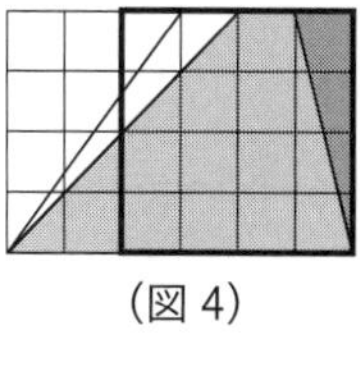
（図４）

「台形から台形へ。それから正方形に」という「急がば回れ」のアイデアに教室内の学生たちも思わず拍手、という場面でした。「はやい」「かんたん」というキーワードばかりが算数の見方・考え方ではありません。

「まとめ」の授業記録より

5 子どもの声で授業をつくる

1．授業の質を一転させたひと言

この講義の最終回です。今日は「子どもの声で授業をつくる」というテーマで話をします。「声」といっても「言葉」だけを指しているわけではありません。操作や記述など子どもの数学的な活動全体、それらを広く捉えた象徴的な表現なのですが、今日はあえて「一声」の持つ力に焦点を当てて話をします。事例を2つ、あげます。

1つ目の事例です。

4月のある日、1年生の教室をのぞくと、子どもたちがノートに数字の「6」を書いていました。ぐるっ、と回る6の形を書くのは、この時期の子どもにはなかなか難しいようで、どの子も熱心に取り組んでいました。熱心に取り組んでいるとはいえ、この書字技能の練習を数学的活動とは言い難いと思います。

その様子を後方から伺いながら、ノルマの1行に6の数字が埋まった頃合いを見計らって声をかけました。

「みなさん、『6』が上手に書けるようになっていますね。ところで、私の名前は……や、な、せ、や、す、し……『6』ですね」と指を折って自分の名前をはっきりと唱えました。

1年生も一緒に確かめます。

すると、A君が「あ、ぼくも同じだ！」と声をあげます。

私がとぼけて、「え！　あなたも『や・な・せ・や・す・し』ですか？　ぐうぜんですね」と握手を求めると、A君は、「ちがう、ちがう。ぼくは、『な、い、と、ぅ、り、く』です。」と顔を真っ赤にして返答します。

「じゃあ、何が同じなの？」と聞くと、「だから、な、い、と、ぅ、り、く、で『6』が同じなの」と言います。

学級の子どもたちは一斉に指を折って確認します。「ほんとうだ！」と同意の声。「あ、わたしも6だ」「ぼくは5だ」と自分の名前や友だちの名前の文字数を確認する子どもの声が続きます。

名前の文字数と数詞の一対一対応させる活動もこの時期の子どもには大切な活動の1つです。これだけでもちょっとした数学的活動と言えるかもしれません。

ところがこの場面は、一人の子どもの一声で真正な数学的活動へと質的変化をします。

Bさんが次のようにつぶやきました。

「でも……2人の6は、ちょっとちがうよね」

予想していなかった声でした。「2人の6はちょっとちがう」その声を2度ほど心の中で繰り返してみました。(なるほど、これは面白い!)と分かるまでに10秒ほど間があったでしょうか。

「へぇ〜、どこがちょっとちがうのかな?　お話、聞かせてくれる?」

1年生になったばかりの4月。話し手も、聞き手も、対話的な学びに慣れていないので、言葉によるやり取りには配慮が必要です。まずはBさんの語り始めの言葉に注目しました。

「あのね、校長先生は、やなせやすし。だから3と3なの。」

「なるほど。ちょっと待ってね」

一旦、そこまでの言葉を受け止めて黒板に「やなせやすし」とゆっくりと書きました。

「やなせやすし、と読みます。1、2、3、4、5、6、ですね。この6が3と3に分かれているよ、とBさんはお話ししてくれました」

子どもたちはじっと黒板を見つめています。

「ではBさんのお話を続けて聞きましょう」とつなぐと、Bさんは次のように続けます。

「ないとう君は、ないとうりく。6だけど、4と2。だから、6は6でも、ちがう6なの」

と説明を終えました。

Bさんの説明を聞きながら私は黙って表記を続けました。

板書を見た子どもたちから徐々に数の合成・分解に関する発言が聞かれます。

「6が2つに分かれているね」

「合わせると、どっちも6!」

「同じ6でもちょっとちがうって、そういうことか」

(や)(な)(せ)	[や][す][し]
3	3

(な)(い)(と)(う)	[り][く]
4	2

「ぼくは『まき・かずゆき』。2と4の6だ」

偶然にも2と4の名前の子どもがいたことで6の合成・分解が自然な文脈の中で楽しく学べました。

ま	き	か	ず	ゆ	き
2				4	

どうでしょう。子どもの声で授業をつくるというイメージが理解できる事例ではないでしょうか。

この時、改めて分かったことなのですが、4月の1年生は幼くて学び手として未熟だと思いがちですが、彼らは小学校入学前から様々な経験を通じて、話し手としても、聞き手としても、大人の認識以上に育っています。「手はおひざ。お口はチャック」といった低学年入門期の授業からはもう脱却しないといけません。

2. 私の教育観を変えたひと言

教師になって15年目、38歳の時に「子どもの声で授業を創る」（明治図書）というタイトルの本を田中博史先生（当時：筑波大学附属小学校教諭）と書き上げました。今日の講義のテーマと同じタイトルです。

1996年出版の本ですから、さぞ古臭い内容だろう、と思われるでしょうが、子どもの考え方や表現を中心に取り上げた実践には普遍性があります。

本日の2つ目の事例はこの本の中から紹介します。実はその時、この事例についてはページ数の関係で書ききれなかった前後の話が多くあります。それらをつまびらかに話してみたいと思います。

30年以上前の事例ですが、皆さんの学びに果たして役立つでしょうか。

2年生の単元「三角形と四角形」の3時間目の授業、図形の構成要素となる「辺の数」と「頂点の数」に着目させて、三角形と四角形を弁別する知識を獲得する授業でした。

授業終了のチャイムと同時にC君の声が耳に入りました。

三角形や 四角形の まわりの ひとつひとつの 直線を **へん**と いい，へんと へんで できる かどの 点を **ちょう点《てん》**と いいます。

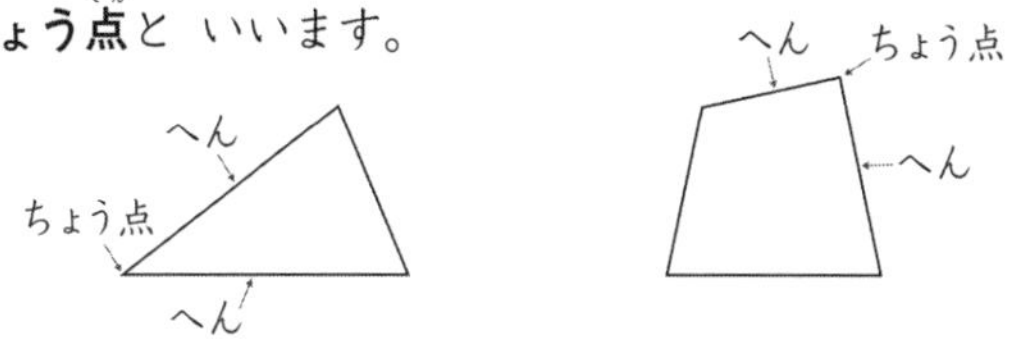

三角形の へんは □本，ちょう点は □こ。 四角形の へんは □本，ちょう点は □こ。

（図1）令和2年度版　みんなと学ぶ　小学校算数2年上（学校図書）

「せんせい、しかくにあながあいてるときには八かくけいなんですか」

次の時間が水泳の授業だったことから一瞬の迷いがありました。聞き直そうか、聞き流そうか。結局、聞こえなかったことにしてしまいました。

その日の放課後、私の机の上に手書きの質問紙が載っていました。C君の直筆、実物です（スライド提示。学生、大笑）。今も大事に自宅に保管してあります。

「せんせいにしつもん。しかくにあながあいてるときには八かくけいなんですか。ここにこたえおかいてください」とあります。

Dさん、Eさん。この質問の意味、分かりま

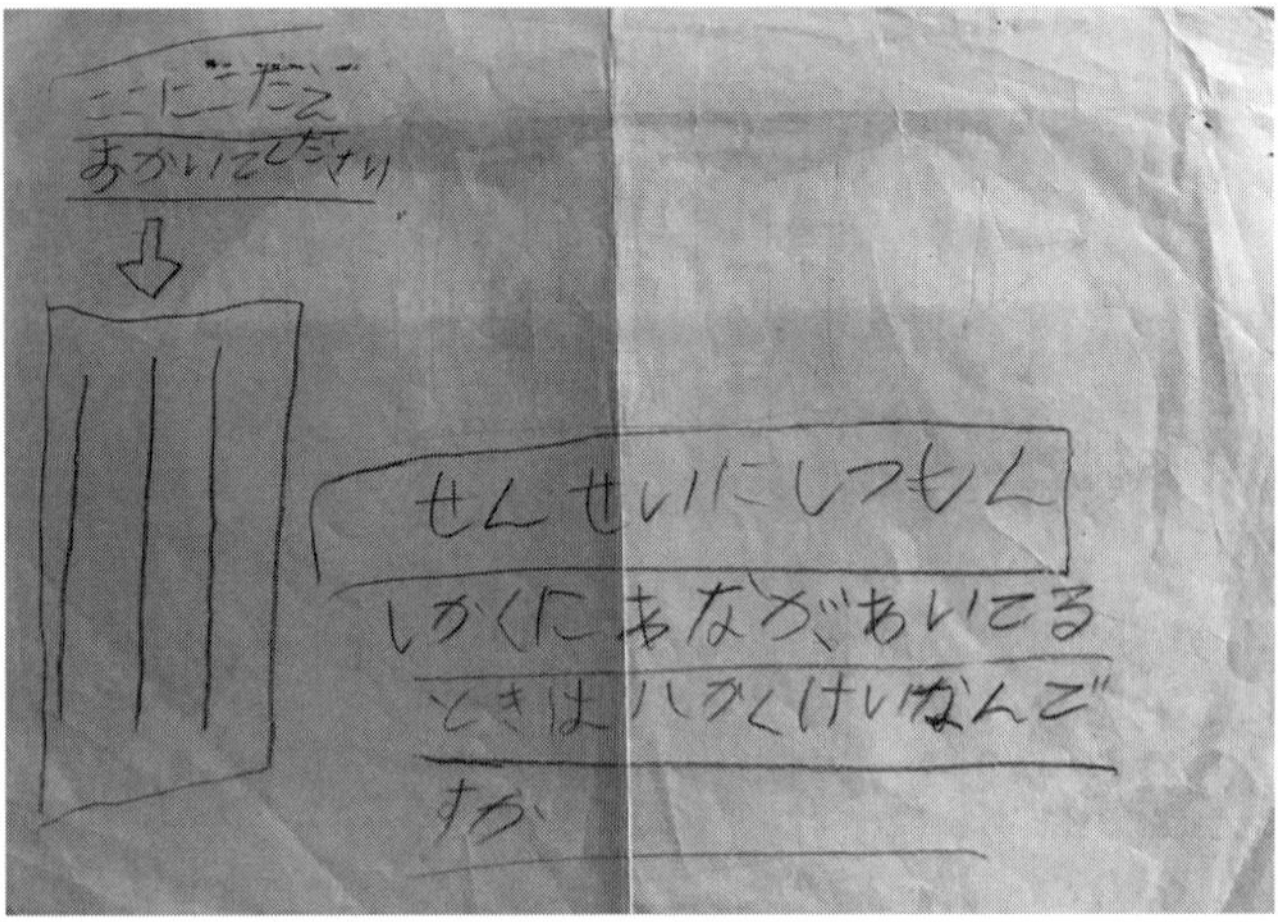

C君の直筆（1）

すか。

学生D「え？　分かりません」

学生E「こんな形ですか？（図2を書いて見せる）」

なるほど。長方形の頭を上からぐっと押し込んだ形ですね。辺の数も8本、角も8つあります。

当時、私もこの質問の解釈にかなりの時間を費やしました。黒板に長方形を書いて、チョークでぐるぐると穴を描いたり、折り紙をちぎって穴を空けて眺めたりしているうちに、はたと気づきました。長方形の中に長方形の穴が空いている形。いわゆる中空長方形です（図3）。

自分の手で書いて確認してみると、辺の数は8本、頂点も8つ。C君は授業で直前に獲得した知識をみごとに使ったわけです。

翌日、C君に遠回しに確認しました。

「ねえ、昨日のお手紙、読んだんだけど、先生にはどうしてもわからないんだ。しかくにあながあいた形、ってどんな形のこと？」

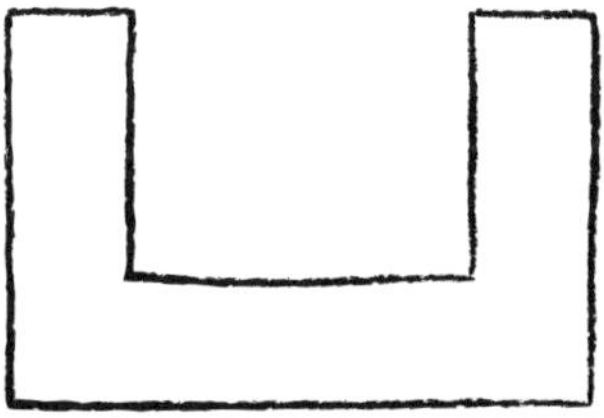

（図2）

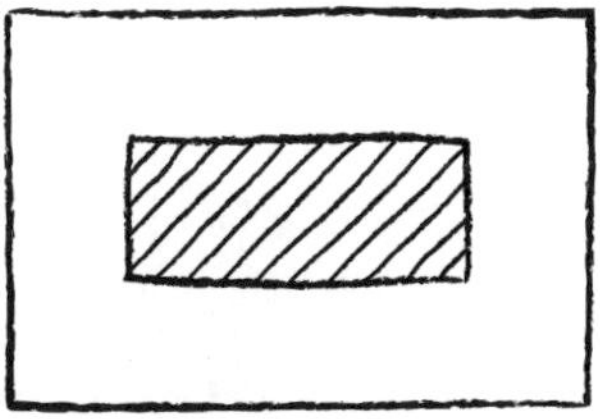

（図3）

するとC君は、こう言いました。

「がくぶちみたいな形のことだよ」

「ガクブチ？」

「絵が入っている箱みたいなやつだよ」

そういってスラスラと絵を描いてみせました。

「額縁？　そうか！」

驚かされることばかりでした。

四角形と三角形の弁別で学んだ構成要素の数を「額縁」に結び付けて、この形を「八角形」と捉えた直観力に子どものすごさを思い知らされました。

この出来事以来、私は子どもの声を聞き取る、聞き入る、聞き浸る、このことを教育活動の日常とするように努めました。

では、C君の見いだした「額縁型の八角形」をどのように扱ったらよいのか考えてみましょう。

Fさん、2年生で学ぶ四角形の概念からどのように助言しますか？

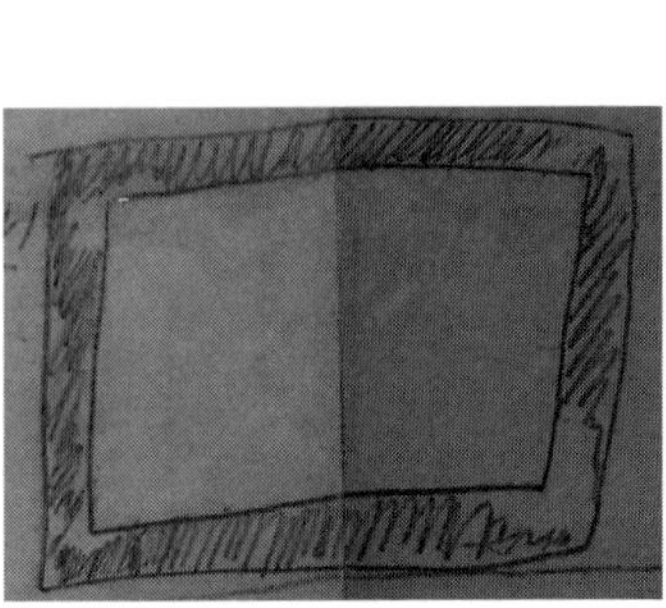
C君の直筆（2）

学生F「2年生では『4本の直線でかこまれた形を四角形といいます』と教えるので、この八角形は8本の直線で囲まれているかどうかを聞きます」

そうですね。私もC君にその点について確認してみました。すると、彼は「これは囲まれているよ」と言って引きません。そのやり取りを聞いていた他の子どもたちの中にも「うん、囲まれている」と言ってC君の見方を支援する仲間が現れます。

子どもたちの言う通りで、C君の描いた図の黒く塗られた部分は、確かに8本の直線で囲まれていると見ることもできます。

学生F「でも、1本でつながってはいません」

その通りです。子どもたちもこのように直線がつながっていない場合（図4）は四角形とは認めません。それを承知で「囲まれている」という概念を捉え直し、さらに「辺が8本」「頂点が8つ」と構成要素を関連付けて、額縁型を「八角形」と認めています。

これ以上、四角形の定義を繰り返し押し付けて子どもたちにとっての理論を覆《くつがえ》すことに意味はありません。むしろ、ここではこの見方を積極的に評価した方が子どもたちの算数観、学習観を育てるこ

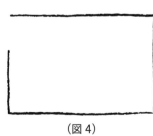

（図4）

とになるだろうと考えました。結果、この論争（対話）は、「C君の発見した特別な八角形」ということで一旦終結することになりました。

3．子どもにとって真正な問題

話は３年後に移ります。

５年生になったC君たちの目の前に、私は懐かしい「額縁型四角形」を登場させました。単元は「三角形や四角形の性質を考える」です。

クラスも変わっていたので、当時の話を交えながら、２年生の時、C君が発見した八角形の話をしました。さて、５年生になった彼らはこの形をどのように考察するでしょう。

Gさん、どうでしょうか。

学生G「５年生では三角形、四角形の性質として「内角の和」を学習するので、そのことが使えると思います。三角形の性質は内角の和が１８０度。四角形は対角線によって２つの三角形

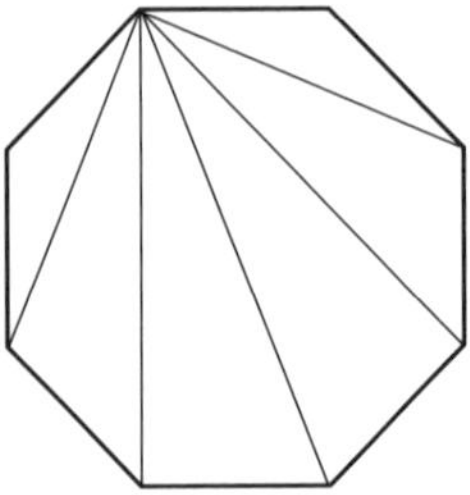

（図５）

に分けられるので四角形の内角の和は３６０度です。だから、八角形は６つの三角形に分けられるので180×6＝1080度になります」

どんな多角形でも（n－2）個の三角形に分割できました。つまり、C君の額縁型八角形を内角の和の性質から「八角形」の仲間として認められるかどうかを検証しようということですね。

では、三角形に分割してみましょう。自分の手でやってみてください。Hさん、どうなりましたか。

学生H「三角形が８つできたので180×8＝1440度となります。四角形が４つで360×4＝1440度とも見ることができます。このことから、多角形に一般的に認めることができる性質が、額縁型八角形には認められないことが分かります」

そうですね。C君とその学習集団が、３年前に「特別な八角形」と認めた形は、ここにきて多角形の性質から考察することで、八角形と認めることができない、という結論が待っていたわけです。

「たった一声」がこれほど長い時間に渡り子どもの中で呼吸し続

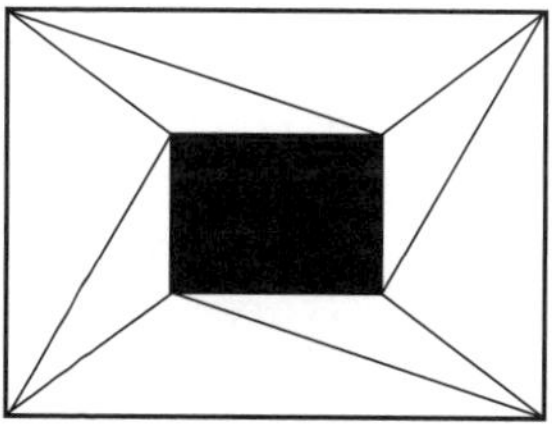

（図6）

けて、「真正な教材」となる、とは私自身、驚きでした。

もしも、C君が紙に質問を書いてくれていなかったら、この事例は聞き逃され、残っていないわけです。

今、この話が、未来の教師のために、その先に出会う子どもたちのために、大学の授業の教材となっていることは本当に尊いことだと感じます。「子どもを深く生かし、尊く発見できるよう深い知識と敏感なる児童観を有してほしい」。小原國芳先生の言葉を紹介し、本講義を終了します。

泰安洋講《たいあんようこう》⑪

自分の体験を子どもの学習に置き換える

玉川学園のキャンパス内にある「聖山」と呼ばれる場所に学生たちと出かけました。私の大好きな場所です。礼拝堂に向う階段を登り、豊かな木々の下を通り過ぎると標高 106 メートルの聖山にたどり着きます。頂上は円形の広場となっていて、その円周には全人教育の 6 つの価値を表した「真・善・美・聖・健・富」の石版が配置されています。

〈芝生の半径〉
Aグループ /11.8m
Bグループ /11.7m
Cグループ / 9.5m
Dグループ /12.2m

一息おいて、用意しておいた「1 mの紐」を学生に渡し、この場所を色々と実測するように指示します。数分もするといくつかのグループに分かれ協力しながら計測しています。どのグループも円形の芝生の「半径」を測っていたので、集合をかけデータを比べてみます。Cグループが「うちだけだいぶ違うね」と気付きます。このままで平均値を求めると数値に大きな影響が出ます。いわゆる「外れ値」です。「D　データの活用」の学習となります。教室に戻り、データを整理して、翌週には図を書いてみました。

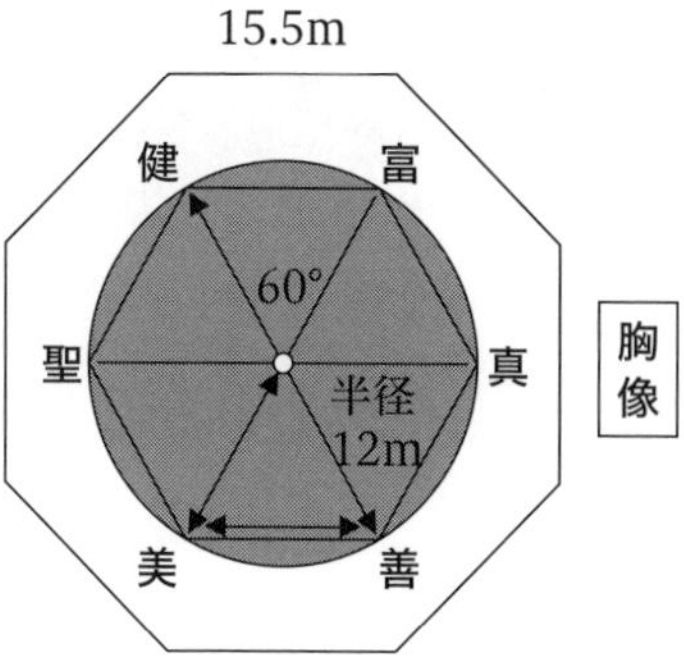

さて、本題はここからです。

小学生に同じような体験をさせたら、どんな数学的な発見ができるでしょうか。「誤差のあるデータの整え方を考える」「数値から、直径と円周の関係を考察する」「2 つの正六角形に着目して円の面積を求める」等々、と学生たちは生き生きと語ります。

教師は、自分の体験を子どもの学習に置き換える能力が大切です。

2023年6月3日　玉川大学キャンパス内　聖山にて

本講義録に出てくる教育者・数学者（敬称略）

小原國芳（まえがき）（第2章5）
斎藤喜博（第2章3）
清水静海（第2章3）
澤田俊也（第2章3）
田中博史（第2章3）（第2章5）
坪田耕三（第1章4）
高橋壮之（コラム6）
能田伸彦（コラム8）
奈須正裕（第1章6）
平林一榮（第2章3）
正木孝昌（第1章5）
柳瀬　修（コラム5）

協力者（敬称略）

三鷹市立東台小学校・山下裕司・稲葉圭亮
練馬区立練馬第二小学校・濱中一
練馬区立大泉小学校・佐々木秀之
三鷹市教育委員会・門田剛和

あとがき

２０２３年５月８日。連休明けの授業は、新型コロナウイルス感染症が５類感染症に移行された初日の授業となりました。特に深い意味があったわけでもありませんが、ここで、G．ポリアの「いかにして問題を解くか」の中にある「逆向きにとくこと」という問題を取り上げてみました。

われわれが４Lと９Lの２つの器しかもっていないとき、ちょうど６Lの川の水をくむにはどうすればよいか。

ここでは図１－１に示すように「同じ底面積をもち高さが９及び４である円筒形の容れ物」「この容れ物には目盛りはない」ことが条件です。ポリアはパプスの言葉を用いて「要求されているものから出発し、求められるものはすでに得られたと仮定せよ」と言っています。

そこで、はじめに図１－２をイメージします。

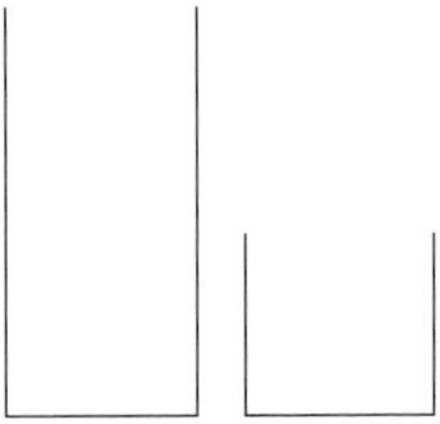

(図 1-1)

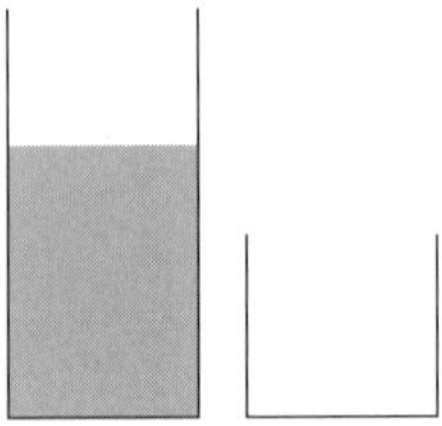

(図 1-2)

学生には、「どのような状態から６Ｌがつくれるのか。その１つ前の操作をイメージしてみましょう」と言って図を描くように指示しました。

図２は多くの学生がイメージした最後の操作です。

９Ｌから３Ｌを捨てて、６Ｌをつくる操作、「９－３」をイメージしています。

この操作を可能にするには、その１つ前の操作で「容器Ｂに１Ｌの水が入っていること」が要件となります。

では、どうしたら容器Ｂに１Ｌの水をつくることができるのか。学生たちはそれぞれに操作をイメージし、次のように解決しました。

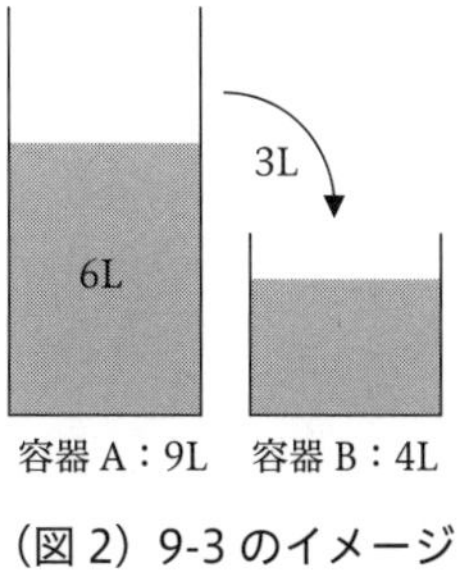

（図 2）9-3 のイメージ

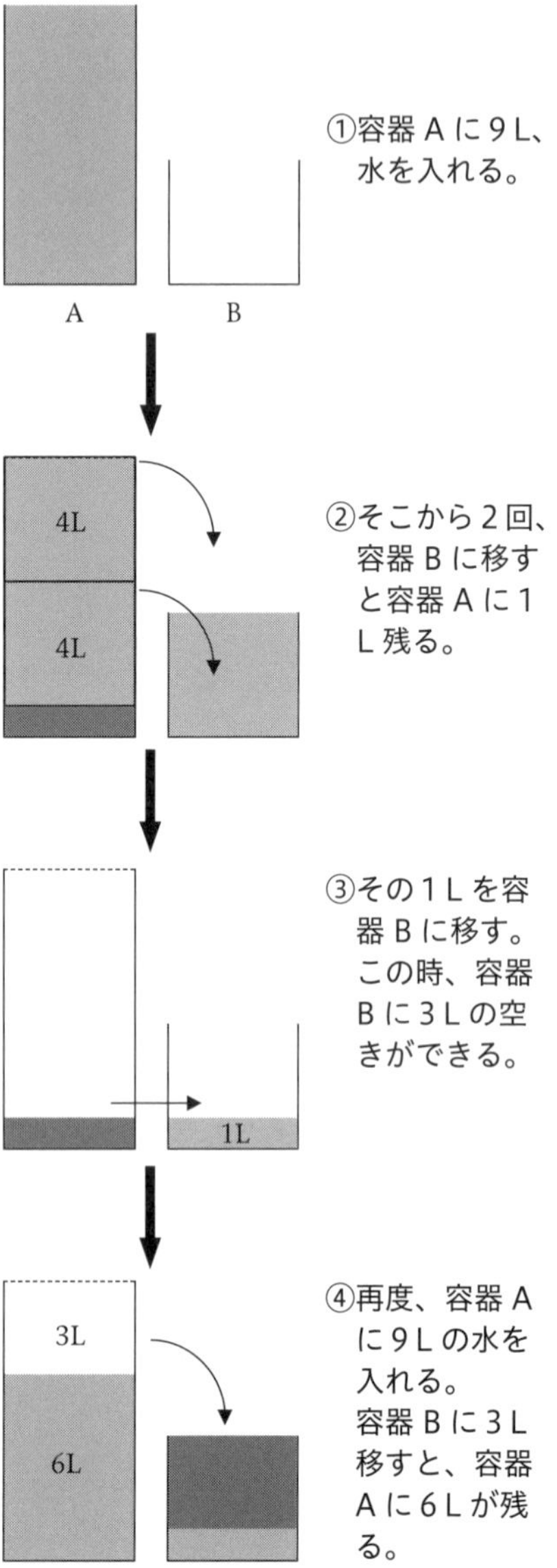
A
B
①容器Aに9L、水を入れる。
4L
4L
②そこから2回、容器Bに移すと容器Aに1L残る。
1L
③その1Lを容器Bに移す。この時、容器Bに3Lの空きができる。
3L
6L
④再度、容器Aに9Lの水を入れる。容器Bに3L移すと、容器Aに6Lが残る。

この解法はポリアの本にも解説されています。

ところが、学生の中に1人だけ、図3のように「2＋4」をイメージした学生がいました。容器Aに2Lを残して、容器Bの4Lと合わせて6Lをつくるという操作です。

果たしてそのような操作ができるのでしょうか。

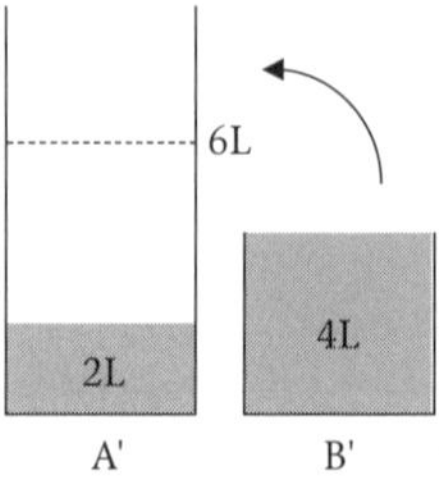
6L
2L
4L
A'
B'

（図3）2+4のイメージ

学生は次のように説明しました。

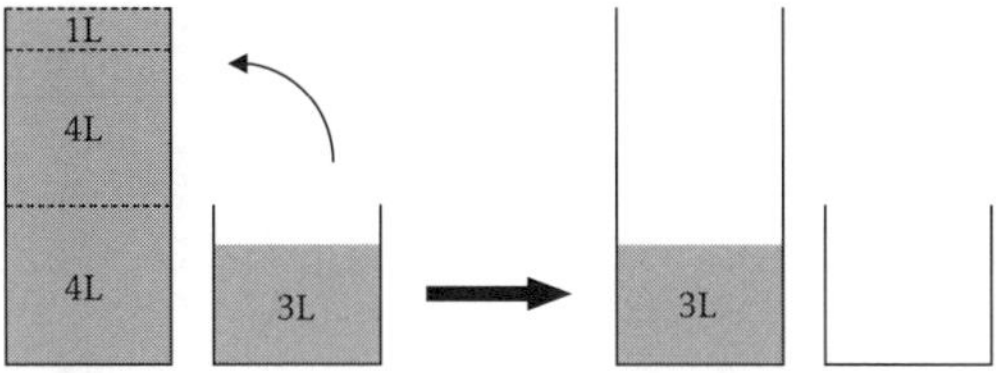

①容器Ｂから A へ
4 L× 2 と 1 L を
入れる。

②容器には 3 L、
残る。

③容器 A を空にし
て、容器 B の 3
L を移す。

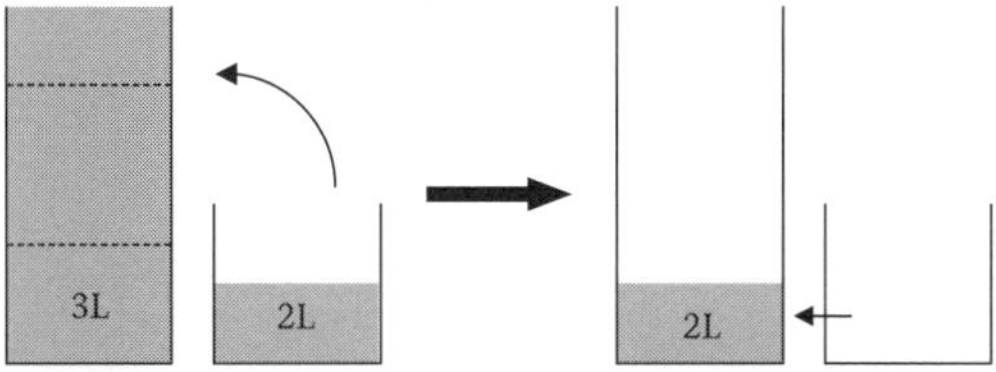

④容器 A に 4 L と
2 L を加え満杯
にする。

⑤容器 B に 2 L、
残る。

⑥容器 A を空にし
て B の 2 L を移
す。

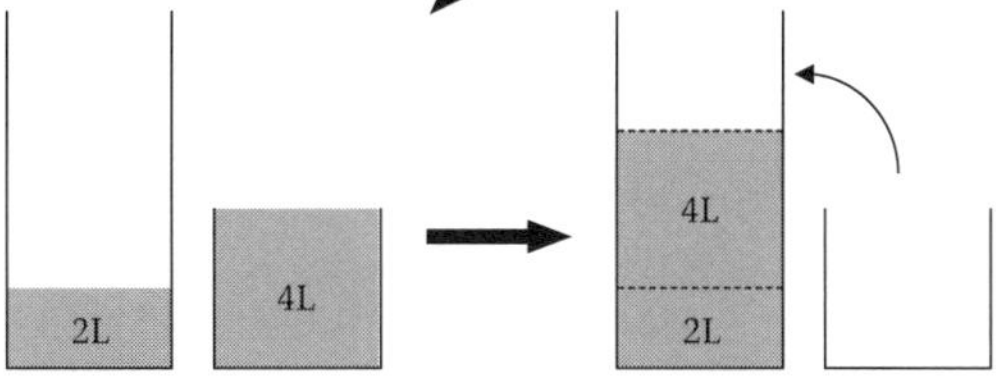

⑦容器 B に 4 L を
入れる。

⑧容器 A に移す。
2+4 で 6 L。

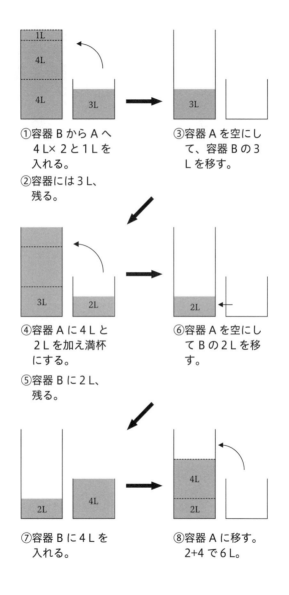

私はポリアの本を鵜呑みにしていたので、このような発想を試したことはありませんでした。手間はかかりますが、「求められるものはすでに得られたと仮定せよ」の言葉通りに、「2＋4」から出発して、みごと結果に結びつけています。

今の若者は取り立てて注目されたり、大げさに褒められたりするのが少々苦手なようなので、私は心の中で大きな拍手を送りました。

この問題の条件は「同じ底面積の円筒形の容れ物」なので、「3＋3」をイメージして、次のような操作を考えた学生がいました。

①容器Bで容器Aに水を入れる。4＋4＋1で満杯になる。容器Bには3L残る。
②Aの水を捨てて、Bの3LをAに移す。
③底面積が同じなので、水位を揃えれば、3＋3で完了。

という考えです。

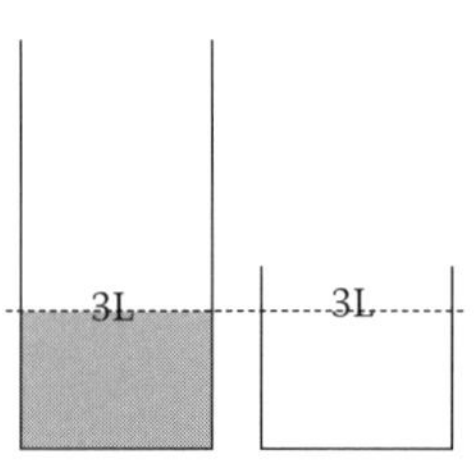

目盛りはありませんが、底面積が同じという条件を生かして「水位を揃える」と考えたわけです。最後の操作が「目分量」となるので本人はこの方法は「75点」と言っていました。

しかし、こうした解答を「面白い！」とみんなで認めることで、論理的な考え方だけでなく発想のよさにも光を当てることになります。

加えて、次のような解答もありました。

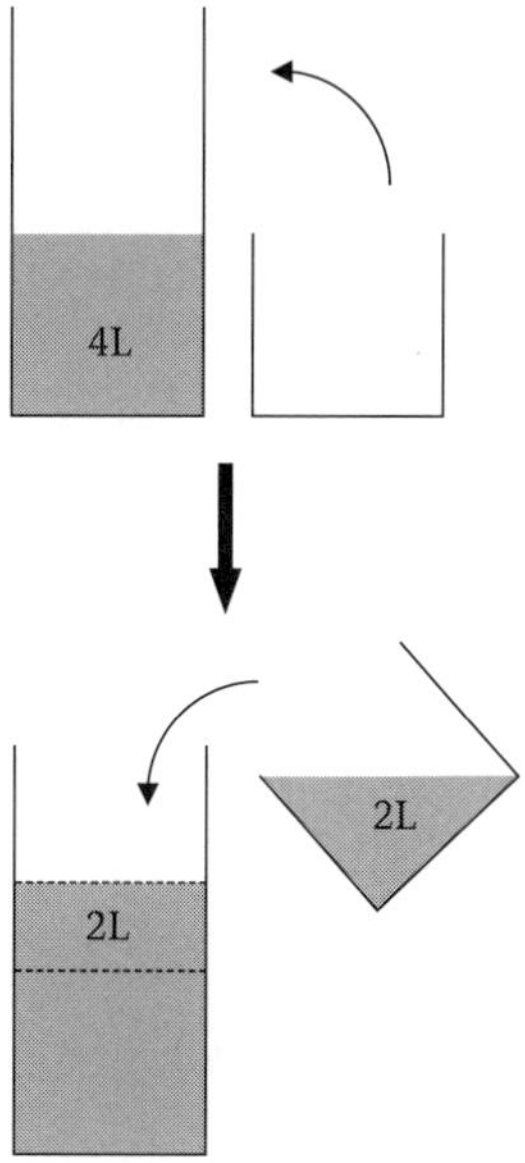

あまりにもシンプル過ぎて気付きませんでした。一本取られた気分でした。

わいわい、がやがやと楽しい雰囲気で問題を解き終わると、

「柳瀬先生。これと似た問題が先週、企業の採用試験に出ました」

と一人の学生が言いました。

「へぇ、どれくらい似ていたの？」

と聞くと、

「5Lと3Lの容器で4Lをつくる問題でした」

と言います。なるほど、数値が違うだけで問題の仕組みは同じです。

「確かに同じですね。それで、できましたか？」

と聞くと
「できませんでした。でも、今日はできました」

と屈託のない笑顔。

穏やかな風が教室に流れました。


この一冊を書き上げるにあたり、学校図書の芹澤克明氏、小林雅人氏の両氏には私の勝手な思いを大きな懐で受け止めいただき、草稿から脱稿まで数多くのご助言・ご支援を頂きました。心より感謝申し上げます。

2023年初夏　柳瀬　泰

2021年8月4日　玉川大学キャンパス内　教育博物館にて

柳瀬 泰（やなせ　やすし）　**略歴**

玉川大学教師教育リサーチセンター教授。学校図書教科書「小学校算数」監修委員。1981年より東京都公立小学校教諭。東京都立教育研究所数学研究室派遣。目黒区教育委員会指導課長、めぐろ学校サポートセンター長兼務。町田市立木曽境川小学校校長。三鷹市立南浦小学校校長。三鷹市立高山小学校校長。東京都算数研究会会長。全国算数授業研究会理事。2019年より現職。著書「やさしく、深く、面白く、伝わる校長講話」（2017.東洋館出版）。共著「スクールリーダーが知っておきたい60の心得」（2018.東洋館出版）「教育改革の二大論点 算数の活動・算数の活用」（2018.東洋館出版）「学校が元気になる33の熟議」（2011.東洋館出版）「パターンブロックで創る楽しい算数授業」（1997,1998.東洋館出版）「算数科 子どもの声で授業を創る」（1996.明治図書）など多数。

教えるということ　学ぶということ
ー子どもを深く生かし尊く発見する算数の授業ー

2023年9月15日　初版第1刷発行

著者　柳瀬泰
発行者　芹澤克明
発行所　学校図書株式会社
〒101-0063 東京都千代田区神田淡路町2-23-1
TEL 03-6285-2956 FAX 03-6285-2949
https://www.gakuto.co.jp

ISBN 978-4-7625-0189-0 C3037
定価はカバーに表示してあります。
落丁・乱丁はお取替えいたします。

装丁・本文デザイン｜ビー・ライズ
イラスト｜ビー・ライズ